名伶孟小冬

中国京剧史上「首席女老生」，被盛誉为「梨园冬皇」。

她有着倾城倾国之貌，
她在舞台上翩若惊鸿。
她经历了爱情的百转千回，浴火重生，
成为承续余派衣钵的一代宗师，
她同时又是有着男子的英气
和傲骨的传奇女子。

唱不尽的锦瑟流年

颖玥 著

图书在版编目（CIP）数据

唱不尽的锦瑟流年：名伶孟小冬 / 颖玥著 . —北京：
中国书籍出版社，2013.12（民国女人）
ISBN 978-7-5068-4021-7

Ⅰ.①唱… Ⅱ.①颖… Ⅲ.①孟小冬（1907～1977）—生平事迹 Ⅳ.① K825.78

中国版本图书馆 CIP 数据核字（2013）第 312855 号

唱不尽的锦瑟流年——名伶孟小冬

颖 玥 著

策划编辑	武 斌 陈 武
责任编辑	刘文利 刘 娜
责任印制	孙马飞 张智勇
出版发行	中国书籍出版社
地 址	北京市丰台区三路居路 97 号（邮编：100073）
电 话	（010）52257143（总编室） （010）52257153（发行部）
电子邮箱	chinabp@vip.sina.com
经 销	全国新华书店
印 刷	北京中华儿女印刷厂
开 本	710 毫米 × 1000 毫米 1/16
字 数	220 千字
印 张	13.25
版 次	2014 年 3 月第 1 版 2019 年 4 月第 2 次印刷
书 号	ISBN 978-7-5068-4021-7
定 价	42.00 元

版权所有 翻印必究

换你一生浅吟低唱

民国芳华，十里红场。惊艳绝世的人物璀璨如星芒。终我们一生都无法阅尽他们在人间的三寸天堂。

孟小冬，是其中多么耀眼的一位。她的绝代风华，她的颠沛流离，她的孤苦无依，她的爱恨茫茫，都如同一点眉心的朱砂，疼痛了十年琵琶。她的掌纹永远烙印着三位男子的名字。余叔岩，她是他最得意的弟子；梅兰芳，她是他的第三位妻子；杜月笙，她是他的五姨太。属于她自己的名字，只有一代"京剧老生冬皇"，被人心心念念了数十载春秋，最终，消散于那一丝轻狂，和一缕情致之中。

生于寒冬的你，恰如一株寒梅，绽放在荒凉的旷野之上。风烟萧索，红尘苍茫。你从不愿为了附和春日的暖阳而改变自己季节的流转，幽幽梅魂，傲雪迎风，遗世而独芳。你这般逆着光，也要灿烂夺目，仿佛用尽了一生的力气。可是之后呢？爱过了，恨过了，痛过了，终是一场空。如何面对被那凄风苦雨摧残的身体，被夜月朦胧浸染枯黄的心？是不是真的只能独自飘零，终其一生，无人照应。

一瓣寒梅，等不到春来的东风。可是你曾经点缀了多少人荒芜的生命。

也许你只是九天的仙灵，一入凡尘，必有劫难。此行莫恨天涯远，风雨兼程满落花，可是没有星星，也没有车马，你只能走路回家。

幸好梅花的颜色，不会记得你的业障。碧桃在天上人间栽和露，和你一样，从来都不是凡花数。乱山深处水潆回，可惜一枝如画，为谁开。你爱上的阳光只在晨曦一瞬和你互相照耀，爱上你的清风却日夜将你怀抱，也许你只是为你自己绚丽妖娆，余生都付与飘摇。

如同匡匡呢喃那般："我一生渴望被人收藏好，妥善安放，细心保存。免我惊，免我苦，免我四下流离，免我无枝可依。但那人，我知，我一直知，他永不会来。"小冬，你的那人来了吗？我希望你生命中如流水般来去的人们，终有一人会在流年萍聚之后，驻足停留，生长在你的心里，冬挡暮雪，夏遮凉荫，一年花事，尽在其中。

不知若是褪去凤冠霞帔，卸了胭脂水粉，人间丽景是否依旧如常，带一丝感动，也带一丝寂寞。只可惜人间颜色为素锦，霜一般冷艳，水一般淡漠，孤灯玉虫暗，素宣青墨枯，毫无铅华可言。

也许时光，会老旧成殇，老到无际的桑田，幻成大海苍茫。老到记忆的铜锁爬满青锈如霜，而你的轮廓模样，在红尘滚滚中依旧清晰如常。

不管岁月塑造一个怎样的你我，这些美好纯净的故事会永远温馨。

相遇或是天意。相遇时，彼此只轻轻点头或者微微一笑，你依然前行，我也依然前行。终究有一场感同身受的轮回梦殇，遍山河苍茫，墙头马上遥相顾，一见知君即断肠。就让我以半世风霜，换你一生浅吟低唱。

〔目录〕

第一本
曲是一声东风不如归

　　第一折　昨夜梦回几番情 // 002
　　第二折　冬临伊人如芳兰 // 006
　　第三折　梨园朝露待日晞 // 014
　　第四折　皓齿明眸惊四座 // 021

第二本
你是皎夜清月临人间

　　第一折　三逢锡城烟雨中 // 028
　　第二折　众里寻她千百度 // 035
　　第三折　春风得意马蹄疾 // 045
　　第四折　一鸣冠盖满京华 // 053

第三本
爱是无限心事与谁说

　　第一折　此曲只应天上有 // 062
　　第二折　倾城倾国一双人 // 069
　　第三折　良辰美景奈何天 // 080
　　第四折　我负人抑人负我？ // 100

〔目录〕

第四本　梦是朝暮轮回一场空

　　第一折　青山依旧笑春风 // 114
　　第二折　余韵凝晖且悠长 // 122
　　第三折　心丧无以报师恩 // 129
　　第四折　广陵绝唱辞冬皇 // 137

第五本　生是红尘悲欢尽缱绻

　　第一折　当时只道是寻常 // 146
　　第二折　此情无关风与月 // 156
　　第三折　只当漂流在异乡 // 169
　　第四折　天尽何处有香丘 // 181

附录　念是朝朝暮暮空回响

　　附录一　孟小冬年表 // 194
　　附录二　冬皇遗音 // 201
　　附录三　参考书目 // 202

　　跋 // 204

第一本
曲是一声东风不如归

第一折　昨夜梦回几番情

　　世间的一切不过只是记忆。这一刻的痕迹，成为下一刻的回忆；这一世的眷恋，成为下一世的梦境。我们存在过的痕迹，究竟是那些无人角落里尘封的物件，抑或发黄照片上模糊的身影，还是几番梦回、无法抹去的缥缈情怀？

　　屋外的银杏翠了又黄，映着卷帘屋内的喜怒哀乐，寂静无声。天边的银月圆了又缺，照着苍茫世间的悲欢离合，默然不语。过往的澎湃与寂静，缠绵与绝望，生离与死别，是否就隐藏在身旁一池莲荷的绽放欢颜上，失落于那灰砖延绵青苔的潮湿光阴里。一世等待，轻抚着虚华的尘烟，错落的流年，期待着一首永远不会老去的歌。

　　行走在古城季节流转的岁月里，胡同斑驳的粉墙，映出前朝故梦的浮光掠影。润物无声的轻雨，沁在延绵又古旧的黛瓦上，滴穿一地柳影花荫的深深记忆。门掩西风，桥横木影，脉脉不得语的薄雾，凝结成屋檐曲廊上的一层凝霜。夕阳西照，余晖穿过古旧的城墙，穿过苍郁的梧桐香樟，穿过布满青藤的幽窗。一位归人，一柄竹伞，一抹斜阳。

　　时间流转过宿命的齿轮，遮盖住纷繁的尘世，时过境迁，沧海桑田，却早已物是人非了。我们仍在固执地寻觅，在千里云天外，在红尘梦醒处，在水墨青花边，努力分辨着，似乎这样就能听闻寒鸦凛冽的夜啼，依稀可见故人淡淡的眉目。仿佛可以按图索骥，找到尘封已久的书卷，相逢落于杯中的流霞。我们自以为失落的东西，也许就在这寻寻觅觅当中，重新鲜活了起来。

时光已老而又老，像远处泛黄的弦索声声。一个听来稚嫩清净的声音，唱着与她年纪不符的词句，"朝云暮卷，云霞翠轩，雨丝风片，烟波画船，锦屏人忒看得这韶光贱。"她的小小年纪不知唱词的意思，带着一份向大人邀功的隐约骄傲与期待，欢喜地唱着"忒看得这韶光贱"。闻之惊心。

年少的我们从不觉白驹过隙、时光飞逝，固执地坚信年老离我们太过遥远。那时的我们不会相信世事无常，不愿相信有情人也难成眷属，不忍相信我们无法达成所有的念想，只能在安稳的尘世里，做着醒不来的凡人梦。及至暮年将暮，再长叹一声，醉卧红尘三百里，遥忘繁华一世情。原来寻寻觅觅，走走停停，相逢相笑，为雨为云，竟然就是一生了。

听见一支曲，名叫《折子戏》。"你穿上凤冠霞帔，我将眉目掩去，弦索胡琴不能免俗的是死别生离。"蓦然地想起了那样一位女子。

孟小冬，倾城倾国之姿，行走于梨园舞台上，扮的不是青衣花旦，却是那黑须老生。名震大上海，冠盖满京华，有着"梨园冬皇"之美誉。这样的她在温婉柔美上，更添了一份英气刚强。

然而她在台下，却又如同世间所有的女子，为生眷恋，为情偿还，为爱痴狂。大抵世间女子，一生的际遇，一世的动荡，都离不开一个"情"字。有才情的女子，也许以为看惯春花秋月，洞察世间冷暖，可以摆脱为情所苦的宿命，寻得那个温文尔雅、微风花雨中伫立的男子，一生一世一双人。到了最后，悠长的岁月抚不平脸上的皱纹，更抚不平心中的往事的时候，才会发现，一切以为能够自我掌握的情节，不过是前尘注定的故事。这些故事，都有着不同的名字，相同的脉络，永恒的结局。

邂逅了，遇见了，当时只道是寻常。而后相爱相思，相依相伴，互许互诺，莫失莫忘。但故事虽好，总有完结的一天，最后换来情到浓时情转薄，花开不同赏。

张爱玲开成了尘埃里的花儿，却只换来胡兰成燃起的半炷香；苏青的心化作了石，化作了齑粉，用来祭奠十年悲剧的婚姻；石评梅吻遍墓前青草，也换不来再见爱人一面。当时只叹初见情钟，如今却忆桃花仍红。一人行走于恍惚的红尘中，遇到一个能并肩行走的路人，像是抓住了溺水的浮木，如献祭一样，交付全部真心与爱恋，丝毫不计自己的喜怒哀乐，满心只有对方的一笑一颦，流光水影。

很多人，很多事，也许不是谁对谁错，只是走着走着就散了。抓不住身边决绝的身影，只好拿着冰凉如水的华衾，换指尖残存的迷离。残霞断尾处，梦将醒，长恨已成空，空余一抹落花飞雨中。

世间仍有明白世事无常的女子们。她们有一些活得恣意飞扬，比如陆小曼，挥霍着时光，挥霍着钱财，挥霍着身体，更挥霍着徐志摩的疼与爱。有一些活得离经叛道，好似三毛，拒绝了繁华，拒绝了红尘，拒绝了一切，甚至拒绝了自己的生命。而有一些一生都在清醒地坚守，像林徽因，坚守自己的性格，坚守自己的选择，坚守自己的爱情，却在多年之后，无法坚守住世人的悠悠之口。

那么孟小冬呢？孟小冬就像她吟唱过的一折折戏，把最璀璨的部分都留在了别人的生命里。留在了余叔岩的"范秀轩"中，留在了梅兰芳的鹤影图上，留在了杜月笙的杜公馆里，留在了纸醉金迷的大上海，留在了朱明碧落的旧京华，留在了残存的海报和飘落的票根上，留在了黑胶碟片的传情声与惊心句里。然而最后的最后，她的一生爱恨情痴，惊艳绝才，不过是化作了净律寺那一方小小的墓碑上，那一行清字"杜母孟太夫人墓"。无父无母，无子无女，无字无传，无依无靠。

一朝红颜成枯骨，如果无人说，路过无数次，也不知这里长眠的竟是一代京剧冬皇。她只是一个人，静静地安然躺在这里。没有大红氍毹，没有胡琴吱呀，没有锣鼓喧天，没有搭戏人的婉转唱腔，更没有观众那如潮的叫好声。只有遇见水墨春光的欣喜抚慰，悠扬绵长的无穷寂静。只是那一切，一切生老病死，爱别离，求不得，怨憎悔，都已经过去了。

只是那一切都已经过去了。据说这是孟小冬晚年常挂在嘴边的一句话。如此平静的词句里，却蕴藏着一丝遗憾，几分踟蹰，如同在红尘中挣扎而不得解脱的旅人，如同繁花阅尽却落得满枝空的暮冬，如同爱而不得，念而心痛的世间女子。爱而不得，念却别离。生亦何欢，死又何惧？

相传，孟小冬晚年，每天都会点上三炷香。

一炷香。遥敬恩师余叔岩。他给了她地位。五年春秋的倾心指导，一点一滴的谆谆教诲，让她在菊坛备受赞誉，是梨园界公认的"余派传人"，名动全国。而小冬在余三爷故去后，"心丧无以报师恩"，多年不再上台。在之后的岁月，将师傅的一世功夫发扬光大，由她的弟子们源远流长。

二炷香。感念先夫杜月笙。他给了她名分。名分是世间所有女子最梦寐以求的东西。孟小冬尤甚。杜月笙尽心呵护了她数十年，慰藉了小冬一度冰枯的心。她并非不感动。杜月笙病重，她甘愿无名无分服侍一旁，温暖了杜月笙人生最后的岁月。杜月笙强撑病体也要给她的婚礼，让她此生心甘情愿地以杜月笙五姨太的身份生活、安葬。所有的故事，死亡才是真正的结束，而这就是最好的结局了。

三炷香。大抵是献给那个给了她爱情与悲伤的梅畹华了吧。说梅兰芳的故事，总想绕过孟小冬。说孟小冬的故事，却怎么也绕不开梅兰芳。如果没有在人来人往的后台多看你一眼，如果没有我奋不顾身的思念，如果人生只如初见，将是多么完美的眷恋。可惜一双璧人此生不复相见。相遇不能相伴，相见未曾相守，相爱无法相依，这就是此生最残忍的事情。

孟小冬一生七十高龄，在大红幔布后倾情吟唱过的故事数不胜数。她做了一辈子为他人讲故事的人。在那菊台上她指点江山，她垂眸挥泪，她嬉笑怒骂，她生死别离。都说戏如人生，对于她来说何尝不是人生如戏，而戏子入戏，一生天涯。盛世繁华，尘世如画，点缀了谁的风采，渲染了谁的年华？

她一生的故事，多到讲不完，只是，弦断，有谁听？不知人生最后的十年，幽居台北的小冬几番梦回，念起自己绚烂绽放的一生，会回想起哪个刹那？

也许到那时，她已经不去想念前尘旧事，只有细水长流的淡然。往事浓浓，卿自清，情还轻。经年悲喜，景如镜，净且静。红尘之中，有谁，能够安静地倾听完你一生的故事？谁都期望，有人能在长夜退去，太阳升起的时候，静静品味你的悲喜，离合，失落与期待。也许孟小冬有生之年，未曾遇见这样的一位有心人。而在百年之后，有一些人仿佛明白了她。明白了她对感情的执着，对爱情的决绝，对恩情的回报，对人生的失望。明白了她只想做一个美好的女子，并且相信海誓山盟。不知道她在天堂之上，看见这一群明白她的人，是否会略感欣慰呢。

当然，也许在孟小冬的记忆中，她的一生，一切最好从未结束，抑或最好是一切还来不及开始，那么我们也用不着悲伤。

第二折　冬临伊人如芳兰

说来奇怪，我对旧时上海的第一印象，并不是纸醉金迷的繁华外滩，也不是妖娆多情的天涯歌女，而是王安忆笔下上海的弄堂。他说，上海的弄堂是城市的背景，天暗灯起，所有光亮的部分如同国画中的点和线，而在那光后面，是大片大片的暗。将整个大上海填满的暗，就是上海的弄堂了。

是的，暗。如果世间都充满了光明，谁还需要星星？相对于十里上海滩的灯红酒绿，弄堂中飘摇昏黄的灯烛，才熨帖了我们的奔波流离。每一条曲折蜿蜒的长巷，都有半开的红窗，透露出微小而幸福的暖光，便是那城市眉梢眼角的一点朱砂。绿雨洗桔花，暖风轻拂湿天涯，杜鹃鸣云霞。芸芸众生，万里残霞归旧家，何不让我们把这旧家风景，写成闲话。

现在的我们，坐在繁花菱窗前，点一炷染香，煮一盏清茶，享受这浮生半日的闲情逸致，无论如何也不会想到，百年前内忧外患的中国。那时的人们，车马劳顿，流离失所，唯愿至亲安康，在漫天的战火中躲避世事的分拆离乱。我们的情愫大多来源于想象，如何能够跨越如此波澜壮阔的时空间隙？饥肠辘辘，困顿萧索，何以家国天下？没人能感同身受。

那一页页恢弘而沉重的历史却永远存在。二十世纪初，青简里风云诡谲，现实中人生变幻。我们徒然地伸出双手，却抓不住那些虚幻的厚重，只能看见浩荡的江湖，沉溺一切对的错的故事。戎马英雄伫立于荒山征尘，耗尽一生寻找国家流浪的方向。无名百姓倒在了暗夜古道，一腔碧血换那到不了的远方。天下苍生，念于乱世，颠沛流离，一滴清泪掩一抔黄土。恐惧，为了生；幸福，为了生。生而独叹，血染夕阳，泪洒清江。

幸而历史总归有存在的痕迹，它不会任由人打扮成花枝招展的小姑娘，掩盖了本来的眉目。时间是最温情的等待，更是最残忍的刻刀，它让一切被掩盖的事物展现出本来的模样。

这个世上，两件事情，我们只能承认自己无能为力。生与死。就算此生荆棘遍布，跌跌撞撞，只看见浊世冷酷的模样，生命的诞生依然是一件喜事，不管你出生于阡陌农舍，还是帝王之家。父母亲单纯的希冀与疼爱，浇筑出不染纤尘的朵朵清莲。粉雕玉琢的婴孩，在母亲的怀抱里满足地闭着眼微笑，这柔软的小小世界，便是他此刻能拥有的所有希冀。

1907年的12月9日，农历丁未年十一月十六日。在上海民国路（今人民路）同庆街观盛里（今观津里）的一条小弄堂里，纷纷扬扬的雪花也掩盖不住一个生命的诞生。匆匆而过的路人也许会不时朝路边的小阁楼里望去，谁家弄璋弄瓦？有人说出生而啼是因为人的一辈子注定受苦，若婴儿为了悲苦流离的一生先流干了眼泪，是不是这漫漫人生路便可少了些苦难动荡，多了些欢乐时光？

这个有着清亮哭声的女婴，便是孟小冬，中国戏剧史上一代坤伶老生，被广大戏迷票友盛誉为"梨园冬皇"。当然，此时她的父亲孟鸿群，母亲张氏云

孟小冬出生地 上海同庆街观津里（原载于《梨园冬皇——孟小冬传》徐锦文著）

鹤，不会想到她日后的大红大紫，只沉浸在她出生的喜悦之中，唯愿小冬一世平安喜乐。

世事不过是宿命设下的一个个局。西方的人们看星星，看茶叶，试图解释红尘纷扰，世道苍凉。而中国民间则习惯从属相，掌纹，八字上解释宿命，仿佛这样就掌握了幸福的秘诀。跟随这些秘诀亦步亦趋，就能融身在遥不可及的俗世里，有着超脱的宁谧。比如"鸡狗不到头，白马犯青牛。羊鼠一旦休，龙兔泪交流。"不知道恪守这样的信条是否会让人获得由衷的安心，如果没有遵守，那些个身世浮沉雨打萍的风雨飘絮，只能归根于宿命，白头相逢泪满缨。

有一种说法让小冬父母无法抑制地惶恐。"腊月羊，守空房"。为避开这句预言，他们改称小冬是1908年出生，希冀逃过这冥冥之中，翻云覆雨的手。然而，命运总是无情的与人开着玩笑，该发生的一切，仍然发生。万般故事，不过情伤。一代冬皇也许年轻时不信宿命，不信因果，觉得自己有大把青春，可以与时光抗衡。可叹她依旧未能逃脱宿命的掌控，就算日后红遍大江南北，依旧无法改变自己情路的一世悲歌。

孟小冬，本名令辉，乳名若兰。北京宛平人，原籍山东济南府。因生于冬月而取艺名筱冬，后改小冬，流传至今。晚年自署"凝晖阁主"。

她让我想起了李白的一首古风。"孤兰生幽园，众草共芜没。虽照阳春晖，复悲高秋月。飞霜早淅沥，绿艳恐休歇。若无清风吹，香气为谁发。"在那个动荡疏狂的年代，一枝舒展于茫茫人海中的孤独芳兰，尽情让每一寸肌肤都沐浴在清风朗月之中。越美丽，越不可留。到了最后，清冽水雨安抚她寂静的过往，空里流霜带走她生的气息。她的情感失落于山川草木的相逢，最终只能悄然为自己开放，为自己舞蹈。跌宕歌词，纵横书卷，不与遣年华。

小冬出生于梨园世家。"世家"有时与"宿命"一样，带有一种无法选择、无从逃离的意味。不能够选择生的我们，从某种程度上，的确无法选择我们的命运。子承父业不是一句玩笑话，它隐约述说着生活对我们的桎梏。"养尊处优"这四个字更是触目惊心，云端之下的我们仰望碧空，无法揣测那些安居于九天之上的人们，如何锦衣玉食，如何在须臾之间挥霍我们数年的血汗。俯仰之间，半生已定，万籁俱静。

清代以来，规定伶人的后代只能是梨园弟子。残酷的法则，搭建起千百年的歌舞升平，蝼蚁之命的人们则毫无反抗的缘由。红尘中，似转蓬，这春过夏来秋又冬。听一声报晓鸡，听一声定夜钟，断送的他世间人犹未懂。无从选择。从孟小冬出生的那一刻起，我们似乎就看见一条隐约而残酷的脉络，将她带往可知又不可测的未来。

小冬的故事要从她的祖父孟七开始讲起。孟福保，排行第七，又名孟长七，艺名孟七。孟七祖籍山东济南府，老徽班出身，擅演武净兼武生。看到这里，也许就是一出顺遂而生的戏，娶妻生子，梨园弟子白发新，此时云淡风轻，谁知身后巨浪滔天。乱世之中，每个人都是随波逐流的鱼儿，在哪里，做什么，很大程度上都身不由己。

1853年，洪秀全攻陷南京，改为天京。孟七参加了太平军。凭着自己的梨园幼功和一身武艺,他被分到英王陈玉成主办的同春戏班当教师。这种军中的戏班颇为有趣,不但要与袍泽一同练武习艺,暇时还要以丝竹管弦为娱。

太平军起兵十余年后,终究难逃败亡,天京失守,洪秀全病逝,余部惨遭围剿。蔽日的尘埃洋洋洒洒,曾经冲锋陷阵、振臂呐喊的人们,终都远去。捡回一条性命的,如梦初醒,潮水般回到故乡;那血里、泪里的尘埃滚滚,只是一场以天为庐、以地为场的踏歌大戏。同伴的热血溅在脸上,默默擦去,毕竟只有活着,才是永恒的话题。1864年,在太平军中辗转十余年的孟七,重操旧业,北上京城,与大名鼎鼎的杨月楼等同班演出。1870年之后,南下上海,在丹桂园登场。孟七在上海颇受欢迎,时有评论曰,"孟七扮相威武,台步庄严,嗓音清朗,武技纯熟"。[1] 在此之后,孟七慢慢退居幕后,安心培养自己的七个儿子。他的一番苦心终没白费,七子之中有五子秉承父业,身手不凡,各有奇才。这才有了梨园世家孟家的故事。

小冬的父亲孟鸿群,是孟七的第五个儿子。他并不是五子中最出众的。最出众的要数小冬的三伯父孟鸿荣,艺名"小孟七",红得最早,名声最大,可惜天妒英才。当年的老戏迷、剧评家李浮生曾这样撰文评说:"说实在,小孟七乃属实至名归,他的盛名早于麒麟童(周信芳),如若他能多活几年,那么坐南方文武老生第一把交椅的,很可能是小孟七,而非麒麟童了"。[2] 小冬的大伯父鸿芳、二伯父鸿寿,六叔鸿茂都曾经红极一时。孟鸿群也擅长文武老生以及武净,而他最大的成就可能就在1912年的上海,和一代"伶界大王"谭鑫培配戏。

小冬出生在这样的人家,不知该说是幸运还是不幸。年幼懵懂的她,也许觉得"拿大顶"只是一种有意思的游戏,却无法摆脱当游戏变功课,累极也要咬牙坚持下去的苦痛。在没有选择的时候被迫选择,多么残酷。

坊间一度有传言,她并非孟氏之后。来源是她晚年居于香港时,对挚友的

---

[1] 引自《梨园冬皇——孟小冬传》,徐锦文著。
[2] 引自《孟小冬:氍毹上的尘梦》,万伯翱、马思猛著。

述说。只有一句"我非孟氏所生……",① 挚友不敢接话,唯有长久的沉默。那一句话也许是为了偿还业障,或是皈依功德。然而说完这一句话之后,小冬再没有开口。人的一生总有那么几个时刻,想把缠绕一辈子的秘密和盘托出,话到嘴边的刹那,如影随形的不安全感,又让我们三缄其口。

私心里,我不愿相信这样的故事。

如果小冬不是孟家的孩子,她一生是否会焕然一新?她也许不再在梨园夏练三伏,而是在洋房里弹着钢琴。她也许不用遇见那命中的魔星,而是于紫陌芳尘中寻一位良人携手一生,白头到老,受尽万千宠爱?

恨那芳菲世界,路过的行人匆匆,无人欣赏,都留给了燕舞和莺歌。世事的残酷就在于山穷水尽时,美好的事情也仅限于想象。若小冬没有长在孟家,最大的可能是幼年夭折,曲未终人已散。也许上天仍怜悯世人,所有已存在的,已是最好的结局。我们满心的希冀,只浮荡在冷柳波心的午后。所以,我们依然叙述这个故事如常,她依然是孟五爷的孩子,安静而执着地成长。

现如今上海小北门大境路一带,可以看到一座残庙遗址和城墙颓垣残迹,这里便是保存下来的上海古城墙。它于岁月无声处逃离了漫天兵荒马乱,仿佛一段站立的历史,目睹了上海滩头潮起潮落:倭寇进犯燃起的熊熊大火,百姓居民在疾风劲雨中为了生存的焦灼,在斜风细雨里淡然的欣欣向荣。每一天在城墙前匆匆走过的红尘羁旅人,身上都背负着对生命流转的敬畏恐惧,以及期盼幸福的欲罢不能。

不知道这段城墙还记不记得,一百年前,一位扎着小辫的青葱女孩,牵着父亲的手,来到这里练嗓呢!孟小冬幼年时,她的父亲孟五爷和其他几位叔伯都一起搭麒麟童(周信芳)的班,在顾竹轩新新舞台演出。这段遗留下来的古城墙就在离孟家不远的地方。天空在晨曦的追逐下散发出灰微的蒙蒙光芒,我们仍缠绵于美梦之中,附近的伶人却已聚集在此处练功,有喊嗓的,有干唱的,

---

① 引自《非常梅兰芳》,翁思再著。

还有练腿脚功夫的,如同集市般轻松热闹。也许只有此刻,他们才会忘记头牌之争、包银之缺,不去想微薄的薪水如何支撑一家老小,不去念母亲的背更加弯驼,如同远方永远登不上的山。

孟五爷非常疼爱小冬,每每他清晨吊嗓之时,便会带小冬一起。年幼的小冬看到许多新奇的人和事儿,欢欣非常。有人在压腿,平平地伸直在地上,纹丝不动,父亲说这个是压的平八字,如果有老师,还可以压成"返八字"。有人双手撑地倒立,双脚稳稳当当地搭在城墙边,五爷告诉小冬,这是"拿大顶",可以坚持一顿饭功夫呢。有人踢腿、走边、打拳,有人干喊着"啊……衣……呜……",欣喜兴奋的小冬如同一只翻跹的飞蝶,在园子里浮弄了流光。

孟五爷看小冬如此痴迷于戏剧,便笑着问她,你愿意学吗?小冬脱口而出"愿意啊"。年幼的她不明白压八字有多疼,脚尖的每一片肌肤都会叫嚣着痛苦;她不知倒立有多累,充血的每一条经脉都让她的脸灼烧起来;她不晓练嗓有多辛苦,喉咙里的每一寸地方都收敛起气息,于脑后倾泻而出,震的天底下嗡嗡嘈杂。在她眼里,这仅仅是人生的游戏。少年不知愁滋味,柴米油盐是父亲的操心,家里长短是母亲的专利,自己的未来如同广袤的大地,有一生的时间去丈量每一寸泥土的芳馨。紧握在手心里的新鲜玩意儿,是比许诺一生惊艳天下更幸福的事情。

就这样,小冬从拿大顶、十字腿开始,走上了一条看起来光彩飞扬,实际上荆棘丛生、坎坷艰辛的戏曲人生路。伶人实在是一种太过于特殊的人群,依靠达官贵人的捧而红,依赖着戏迷的夸赞而存活,终生依附于他人,不得解脱。从出生伊始,她的未来就已经注定:和父母先辈一样,学戏。

生命如同一个巨大的漩涡,将所有流过我们的五光十色的世界,七情六欲的尘光,统统吸收得一干二净。我们把那路过的,逃离的,邂逅的,失去的世事浮念过滤出梦想,过滤出爱,过滤出信仰,以为这就是我们的初衷。而会不会,被我们一手过滤出去的虚幻,从手中放弃的点点滴滴,才是真正面目的我们呢?到底什么谎言成诺言,什么真实是虚幻?

我们在这个美丽又莫测的星球上独活,现实的桎梏妖魔化了滚滚人心,我们每天奋斗、夺取,就算失望就算颤栗也绝不退缩。我们四处奔波,拖着疲倦不堪的身躯,想要拥抱那金钱名利满怀;含着一颗冰冷僵硬的心,依然去慰藉交换另一颗真心。呼啸的海浪迂回拍岸,惊雪层云,将我们的牛头马面打落回原形。我们挣扎而出谎言的梦境,只不过想证明一点什么。证明什么呢?证明美丽的我们是可爱的,强大的我们是可叹的,坚强的我们是可以被依靠的。然后呢?我们能够像苏格拉底感慨那般的做到,认识你自己吗?

孟小冬少女照

也许每个人都无法完全地认识自己。被春花秋月灌溉的心灵,也被薄雾浓云永远地遮盖住了真实的模样。于是我们把春风满林的一池春水当作感动,把秋叶飘零的万里秋云念成回忆。如果这些都不是真实的自己,什么才是呢?然而我坚信,我们的真心,在经历了春景的微风,夏天的骄阳,秋日的冷雨,冬夜的静雪之后,依然蹒跚着脚步,颤颤巍巍跟在我们身后。纵使被人们内心黑暗狰狞的影子模糊了轮廓,却依然可以望见那长长的来路上,真心经过的痕迹,蜿蜒曲折,延绵不绝。这个世界上悲伤的事情那么多,可是最后,我们依然活成了我们想要的模样。

孟小冬想要如何的模样?是否是那个在舞台上风流倜傥,挥斥方遒的她?抑或在寒梅下遗世独立,沉静如水的她?还是活在美好爱情中,色如春花,暖人心扉的她？我们从来都不得而知。

彼时才三四岁的小冬，只是听父亲说，要当角儿，这样就可以过的轻松自在一些。但是这种轻松自在，也只是相对而言，相对于家破人亡，相对于衣不蔽体，相对于承欢婉转，是要轻松自在一点。既然不能够选择整个浊世的现状，那就只有百分之百的努力，用泪水浇灌微笑，以呐喊唤醒希望，获得那成为名角儿的幸运与荣耀。

所以小冬，只能够一往无前，这是她唯一的赌注，唯一的力量。

第三折　梨园朝露待日晞

人最害怕的是什么？不是悲剧般的情爱，不是悲凉的人生道路，不是悲情的泪水，也不是悲壮的凯歌。所有人最害怕的，其实是无常。昨日的笑脸嫣然，化为今夜的一抔黄土，今侬葬花人笑痴，他年葬侬知是谁；彼时漫步水岸，且行且珍惜的爱人，如今竟全变了模样，寻常相见了，犹道不如初；将心事都托付的人和你生离，许诺共同携老的人竟然死别；春芳顺景下竟撞见天灾，和乐美满时又遇到人祸。世事纷杂，掌控全然不在我手。伸出去的掌心，空空如也，连记忆也无法留下，空留错乱的纹路，连系着谁的生命，又暗含谁的流离？这些不在我们掌控之中事情，只能称之为宿命。

孟小冬的父母无法教给她上知天文，下懂地理的渊博学识，只能赠她萦绕着胡琴弦索声，充斥着练打做戏的环境。那段时光稀疏平常，如同一颗含着酒酿的糖果，单纯而甜美，内里包裹住一生最初的记忆。小冬的父亲正值壮年，在上海滩颇有名气，月份包银虽微薄如细流，却有千钧之力浮起一叶扁舟，满载一家人的喜怒哀乐、柴米油盐，在青山绿水间稳当前行。小冬从小就没有挨饿受冻，有暖衣御她在冰风暮雪中前行，有餐饭不让她的希冀落空。她如同一只不知疲倦的小兽，每天坚持练功学戏，循序渐进。几年下来，功夫倒是有了长足的长进。

孟小冬青春照

小冬是五官精致的女娃娃，说来奇怪，她不爱婉转多情的青衣旦角，却喜欢沉厚老生的唱腔，也许是性格使然，也许是家学渊源，父亲在家吊嗓练唱的潜移默化，铸就了一代梨园女老生。

那时候的大上海是海上闻名的繁荣都市，人文荟萃，伶人聚集，弥漫着熏人的艺术氛围。六七岁时的孟小冬，连听带练，大段大段的唱腔，竟也掌握了一些，开口唱来屏息凝视，像模像样。孟五爷极疼爱小冬，每每有到外地演出的机会，总带小冬同往。寒来暑往，小冬跟随孟五爷行走在江湖之上，繁落人间在心中种下一株菩提，待来日，生长出拈花一笑的了然。

孟五爷曾带她前往古都金陵搭班演出，小小的小冬在戏中客串娃娃生，粉面稚音，十分可爱。有一次前去军阀高官家开堂会，主人是个戏迷，家中车夫小仆都会唱唱戏，拉拉弦。军官无意间看见客厅的角落坐着一个粉雕玉琢的小娃娃，梳着小辫，天真烂漫，兴致之下亲自操琴让小冬唱一段，没想到小冬声线高昂，初音清亮，一次次让军阀拉高调门，最后凭空一声脆响，胡琴弦竟然断了！

军阀分外高兴，大笑说这孩子好嗓子，有前途！坚持要收小冬为徒，为她启蒙，教她唱戏。伶人在外行走依附他人，哪里不是看主顾的脸色，孟五爷碍于情面一口应承下来，要小冬行了拜师礼，拜军阀为师。虽说逢场作戏，这位军阀却也是性情中人，真心实意喜欢小冬这孩子。孟五爷在南京搭班演出的数月时间，小冬隔三差五地去前往军阀家里学唱戏，丝竹声声让她有些恍惚。虽说军阀水平一般，教不了小冬唱腔技艺，却在每天告别时，给小冬两块银元作为打赏。时光飞逝，离开南京回上海时，小冬在军阀那里所获颇丰，竟与孟五爷的包银相差无几。①

然而天有不测风云，它会将猝不及防的我们推入一个艰难的境地，身侧尚是樱树月明的花影婆娑，眼前却是浓雾萦绕的深渊，一脚踏空乃万劫不复。我们被生活逼迫做出选择，在荒野中不顾一切地成长，带着蚀骨的疼痛，毫不停歇地奔向前方。身后所有的风景与安逸都向下坠落，虽然我们听不到，却深知它们在发出撕心裂肺的嚎叫，此生不复相见。

民国四年（1915 年）一个闷热的夏日，孟五爷在天津搭班演出。他饰演《八腊庙》中的褚彪，与搭档费德恭的厮打中，走了个"硬抢背"（腾空时转身摔下用背着地），一阵突发奇来的不适让他在台上踉跄了几步，摔倒在地。演出竟生了如此意外，只能够被迫中断。被抬下场的孟五爷挣扎着站起身，想要继续演出。彼时仅八岁的孟小冬仿佛一瞬长大，冷静地对父亲说"爹爹，您请多歇息一会，我上去给观众唱一段，别冷了场。"就这样，初出茅庐的小冬面对喧嚣的剧场，挑剔的目光，并不露怯，深深地向观众鞠了一躬，说明她代替父亲加演一段，然后落落大方地唱了一段《捉放曹》。一句字正腔圆的"听他言，吓得我心惊胆怕"便博得了满堂彩。② 一整段下来，孟小冬收获了如水的掌声和赞扬。孟五爷在后台却是面有辛酸色，这就是他的掌上明珠，无法被他庇护一生，竟要以如此脱胎换骨的方式成长。小冬初次登临人生的舞台，没有锣鼓喧天，也没有丝竹新声，没有配演没有观众，台下冷冷清清，只有一位称之为命

---

① 引自《梨园冬皇——孟小冬传》，徐锦文著。
② 引自《孟小冬：氍毹上的尘梦》，万伯翱、马思猛著。

运的人在冷笑静观。"听他言，吓得我心惊胆怕"，此时的小冬面色如常，是否想起将要面对的坎坷，也是心惊胆怕？

孟五爷恪守一位艺人的品德，拼着命勉强完成了演出。然而他的顺遂人生，如同这出戏一样被迫中断，再无重新上场的一天。第二天发现半身不能动，他中风了。幸而药石及时，并无生命危险，却仍缠绵病榻两年之久，才得以痊愈。

如果孟五爷不生这场大病，依然在台上摸爬滚打，为小冬提供衣食无忧的童年，说不定孟小冬不会步履维艰地走上戏剧之路。就算走上了，也不是在无所顾忌肆意玩闹的年岁，被现实抛上命运的齿轮，一辈子再未下来。

这场劫难让靠孟鸿群微薄收入勉励维持的家庭雪上加霜。此时小冬已有了一双弟妹，一家五口全赖五爷演出所得包银过活。然而五爷却两年无法登台，沉疴的调理生养如旧雨般开始侵蚀这个家庭，哪里都是苦痛，哪里都需要救济。整个家庭更加捉襟见肘，最艰难的时候连双鞋子也买不起。八岁的小冬已在家附近的敦化小学开始念书，本以为可以安心念书，待及毕业，工作嫁人的人生线条倏地断了。在不得已的情况下，小冬的父母做出一个艰难的决定，亲手将孟小冬送往了梨园冬皇这条光辉灿烂却又荆棘满地的道路，只这一刻，便交付了下半生。

孟五爷将长女孟小冬写给了孙（菊仙）派老生仇月祥为徒，并且千叮万嘱，不可以入旦角，必须以老生开蒙授课。师徒契约签了三年，三年间孟小冬就托与仇师傅调教。三年期满之后，小冬必须为师效力三年，这期间所有的演出收入，都归于师傅。第四年的所得可以分与家中一半，而到第五年，就可以全部用来贴补家用了。看起来很苛刻的条件，却有千年来的必然。戏剧不比其他，上台演绎的艺术接受万千观众的检阅，学艺不精会砸了牌子，为着徒弟为着自己考虑，师傅都会倾囊相授，一点一滴，一字一句，不可马虎。

这位仇月祥其实与孟家颇有渊源，算起来他应该是小冬的二姨夫。既然是近亲，仇师傅在严格中不觉带了一丝柔情。小冬未曾受过非人的打骂虐待，也没有像其他生不逢时的学徒，除了尽心学艺，还需帮衬着做师傅家的家务杂役，繁重的洗衣刷碗还算好的，更有甚者被迫帮师傅带小婴孩……

天南地北双飞客，这千山暮雪的滚滚红尘中，绝对孤立的人是不存在的。浮空里的一朵云，总会遇见另一片云。天空延绵无尽，只影响谁去？三千婆娑世界，每个人的际遇都不一样，邂逅过什么人，发生过什么故事，遭受过什么离殇，竟无法用一场梦境的时间叙述殆尽，而另外一个人也永远不可知。

"福气"是人人求之又难得的词语。它包含了太多令人艳羡的天时地利。而我一直认为，最大的福气莫过于人和。有慈爱疼惜你的父母，遇见德厚流光的老师，邂逅真诚宽和的爱人，诞育懂事孝顺的子女，此生便是极致福气。如果出生不受期待，抑或幼年失怙，茕茕孑立，形影相吊，多少泪欲语先流，洒满春衫袖。如若和爱人不能终成眷属，山盟虽在，锦书难托，阴差阳错，只能枕前泪共帘前雨，隔箇窗儿滴到明。

孟小冬二十岁前，的确是有福之人。父母数夜未眠，辗转反侧，替小冬找了位最好的启蒙先师。不仅沾亲带故，凭这情分便少了多少责骂难堪。仇师傅本身也本分厚道，言传身教，小冬终不会误入歧途。孟五爷还特意明说不入旦角，演花旦的女角总归靠颜色吃饭，馥比仙的才华总被遗忘在美若兰的气质身后，就算本身冰清玉洁，一入梨园深似海，零落成泥碾作尘，生生增添了诸多尴尬。而坤角老生，戴着黑三髯口，剑眉星目，毫无女色之颜，算来的确稳妥许多。

送走小冬之后，孟家不稳定的收入仍然不能维持两个茁壮成长的孩子的日常开销。孟鸿群又狠了一次心，将次女孟佩兰送给了别人抚养。都是亲生的儿女，如何能舍得？家业凋零，骨肉分离，半盏孤灯，一帘苦雨。孟小冬得知此事后颇受打击，暗夜枕一席寒衾，独自垂泪。小妹如此年幼，却要寄人篱下，仰人鼻息，孤苦伶仃。小冬为此一直记得父亲的谆谆教诲："你要记住，要想叫人瞧得起，想要成人，将来有出头之日，就得学好本事，当角儿。"[1] 懵懂的小冬也许不明白"当角儿"到底意味着什么，只知她背负着沉重的命运，父亲

---

[1] 引自《孟小冬：氍毹上的尘梦》，万伯翱、马思猛著。

殷切的眼光，母亲长叹的愁容，寄养别处的妹妹，少不经事的幼弟，他们都在期待自己轰轰烈烈地绽放一春花事，却需要自己如东逝水奔流不折。这段话给年幼的小冬以深刻的印象，她暗自向自己承诺，要努力学戏，早早登台演出，立志"当谭（鑫培）老板那样的角儿"，[①] 养活在艰难困苦中挣扎的家庭血脉。

孟小冬

体会了流年的寒冷枯寂，才能更加明白生命的温暖欣荣。没有经历过深渊中绝望的痛不欲生，也就无法明白在云端翱翔的风清月白。幸福在于比较，同他人比较，同过去比较，同苦涩比较，同绝望比较。咬下苦草的舌尖，遍尝人间都是至味的甜。若不是病痛，不知健康的难再得，若不是贫苦，不知金钱的魔力无边。幼小的冬皇体验生命百态，更加成就了她渴望温暖安逸的辉煌。

过去的伶人授艺不比现在，有数量庞大的资料可供参考阅读，有琳琅满目的各种唱腔集采众家之长。那时完全靠口口相传，师傅诵念台词，徒弟默记于心。记熟了台词之后，再亲自示范教给唱腔。教会之后由弟子反复念唱，复习巩固。虽然效率不高，却极为扎实，一板一眼之中都是童子功。

自孟小冬来到仇师傅家里之后，每天早晨随师傅一起出门遛弯儿、喊嗓，从练气开始逐步打下坚实的基本功。京剧讲究"唱、念、做、打"，几个功夫缺一不可，舞台如同一个放大镜，将演员的光华放大至明亮耀眼，也将他们的缺点一表无疑地展露在观众面前。每一部分都要做到极致，也就需学到极致。除

---

① 引自《孟小冬：氍毹上的尘梦》，万伯翱、马思猛著。

了练嗓之外，毯子功也是必须练习的项目，压腿踢腿，下腰抢背……

才华和天赋说起来很玄乎，但不得不承认，这的确是人和人之间最大的差距。有的人看见蝌蚪字母就头疼，却能够将全唐诗倒背如流。有的人看不明白数字之间的关系，却能够将建筑模型的图样烂熟于心。有的人唱歌会走调，拉琴会走板，却十八般武艺，样样精通。我们不能生之为鱼，却做着爬树的梦。这些才华是上天赐予的宝藏，如果一味抛去真性，追求错误的浮华，结果只能是不言不语，一段伤春，只在眉间。

幸而小冬在命运的打磨下，走上了一条为她量身定做的大路。珠玉被上天洒落一地，我们如何能捡拾干净？她的天赋却是命运的线索，串起一挂传奇泛着摄人心魄的美。她的嗓子干净清灵，音色嘹亮，腔正声高，唱老生丝毫不带雌音，如同雨夜听琴、月下品酒一般熨帖舒适。著名剧评家"燕京散人"丁秉鐩便评论说："孟小冬最得天独厚的地方，便是她有一幅好嗓子。五音俱全，四声俱备，腔音宽厚，最难得的是没有雌音，这是千千万万人里难得一见的，在女须生界里，不敢说后无来者，至少可说前无古人。"[1]

她家学渊源，周围大人的潜移默化让她积攒下浓厚的兴趣，到了仇师傅门下，如鱼得水，驳杂的剧目，新奇的唱词，有趣的练武把式，好似路途上漂亮的花木鱼鸟，诱惑她往前走，不管疾风在耳畔呼啸而过，她只是往前走。她从不觉学习的苦累，身体虽然疲倦，心里反而欢喜雀跃。

一柄红木"戒方"，在仇月祥师傅的手中升起又落下，既是希望又是禁锢，如同混合着檀木香和灰尘味的大钟，将自己隐藏在薄雾浓云之中，形影孤单地摇摆着时间的线索。仇师傅手持着戒方陪学生打板练唱，新学一句唱词，要反复唱十遍八遍才能往下，而大段的戏文，则要反复二三十遍，这样打下的基本功如同坚强的泥浆，一层一层抹在了我们的心墙上。据晚年的孟小冬回忆，"那时学戏极苦，老师手握旧制铜钱，每段新学的戏，唱一遍放一钱在桌上，一遍

---

[1] 引自《孟小冬与言高谭马》，丁秉鐩著。

遍唱，一个个叠，叠到快倒下为止。"①

彼时深感痛苦的时光，回想起往往是最甜蜜的回忆。磨练，练的是艺，磨的却是心。将内里挥之不去的痛苦与怨言都抛弃殆尽，将反复纠缠的耐心与期待都打磨通透。那些岁月像一张细细的砂纸，你无法回避，只能迎面而上，把最软弱的部分祭献给时光，让它一寸寸修改着本身的模样。一颗心，从此颤巍巍闪烁着温润的光芒，虽然微弱，却照亮整个人生的长度。

小冬要感谢仇师傅的倾心指导，那些让人觉得极苦的喧嚣，在一辈子沉淀下来的宁静中变得甘甜，滋润了她的一生。若没有多年扎扎实实的勤学苦练，也就没有带给人绵绵美与感动的一代冬皇。

世事迷离，所有安排好的一切终将往成型，严丝合缝地沿着宿命的轨道一直前行，毫无挣脱的可能。每一种生活的选择，都有其不可违反的规则，逆转的都是记忆，而非时光。此时的孟小冬还是那个天真烂漫的小姑娘，为了未曾抵达的风景，在彼时的流年里，述说着动人的故事。

第四折　皓齿明眸惊四座

时间不会等待我们踉跄的脚步，它像一位遥远的领路人，如同天边月，空有梦相随。我们惶惶不可终日，亦步亦趋地跟上时代的潮流。在这种无法挣脱的浪潮里，风穿树间春初浅，抖落一身落花，不停留，向前走。

孟小冬也在不停地往前走。除了早上的喊嗓练声，下午练吐字念白，仇月

---

① 引自《梨园冬皇——孟小冬传》，徐锦文著。

祥师傅另外给小冬找了位青年琴师，为小冬吊嗓。胡琴声声曲折了人世间的单薄，每天雷打不动的两出戏，一出"西皮"，一出"二黄"，大约要吊三个时辰左右。如果遇到吐字不清，板眼有误的时辰，便需从头开始，直到唱好为止。她的眉眼，纯美清亮，只瞧见那花影照水与戏谱；她的唇，娇艳欲滴，吐露着天籁希音和着弦索声声；她的身躯，柔软窈窕，一招一式都干净利落，透露出毫不娇羞的英姿勃发。

就这样，小冬一边打扎实吐气咬字的基本功，仇师傅一边用戏文给她启蒙。这第一出戏是《乌盆记》（《奇冤报》），前半出唱做兼重，身段姿势很有讲究，小冬年幼，腿脚功夫还未练到家，是故仇师傅重点教她只讲究唱功的后半出。风静帘闲，透过那浅绿纱窗，似乎可以闻到墙角一株兰花的幽香，醉了一丛翠滴的芭蕉。小冬婉转敞亮的声响传出小巷，暖帐轻弹，是谁家的幼童躲在那玫红罗软帘后偷偷瞧看。如此娴静的时光飞逝，小冬在师傅一字一句的调教下，登台竟也是可以的了。

张爱玲曾说过，成名要趁早。可是过早的成名真能带来一辈子顺遂的幸福吗？起弦风雅云袖飘扬，被苍茫沾湿的稚嫩眼眸，却要注视那三千繁华，奏一曲和自己年龄不相符的曲水流觞。我们能够承载那么多吗？没有依偎在父母身边笑语嫣嫣的撒娇童年，没有和大自然亲密畅想的青春盛宴，便看尽那纸醉金迷的浊世浮欢，尔虞我诈的人心离情，会不会在雨声泠泠的静谧暗夜，落花返枝头，人群中湿漉漉、黑黝黝的脸庞隐隐浮现，蓦然想起再也回不去的清灵单纯，有一丝感慨，其实顺其自然，平凡又安稳的一生才是最好的选择？

但是世界上最大的幻觉，或者说谎言，就是我们其实有别的选择。在分岔的那个路口，乱花渐欲迷人眼，我们犹豫不决，我们彷徨无措，到底是选择看起来光明却拥挤的大路，还是清幽又人迹罕至的小道呢？选择哪一条路更一帆风顺，哪条路少了艰难险阻？我们总天真地以为，如果再一次回到那深深林间，斑驳的树影、盈盈的花色都挡不住奔赴未来的决心，我们可以做出更好的抉择。然而那个注定的时刻，注定的地点，身边注定的旅伴，都将决定，你其实只有注定的选择。人饕餮般的内心无法满足，极尽一生追求的销魂佳景也许根本不想要，而怀中真切的美好，却变成食之无味，弃之可惜的鸡肋，自己造下的孽，终无人替你偿还。

有时候根本不是人选择了际遇，而是世事挑选了呈现万千红尘的凡人，每个人在终极意义上，都是演员，演绎心中所幻想出来的自己，完美不可亵渎。对于小冬这些伶人来说，演绎才是生活，生活却变成了演绎。大家都喜欢看童话，最美在于它从未完结。在那有情人不得终成眷

孟小冬（坐）与王敏彤旗装照（原载于《孟小冬》花映红著）

属、邪魅的男子碾碎了佳人一颗芳心的悲伤结局之前，孟小冬度过了生命里的前二十年，完满得如同一场永远快乐永远欢笑的歌谣。

小冬八岁那年的深秋，随秋风飘落的梧桐雨，向世间述说成长与成熟的故事，落叶失血的经脉上镌刻着她的姓名，给了她初次登台的机会。时逢上海名人关炯之四十寿诞，他的亲朋好友特地邀请上海久记票房的诸票友登台演戏。世间大地有谁愿将那一生浮名换了浅斟吟唱？有些人没经过严苛的训练，只在闲时唱两嗓子过过戏瘾，于是就有了票房让京剧票友们玩闹聚会，交流心得经验。这久记票房在上海滩成立最早，人才济济。

小冬这次被邀请客串演出《乌盆记》的后半出。《乌盆记》又名《奇冤报》，来源于著名的《三侠五义》，情节带有浓厚的中华韵味。话说那有一位苏州刘世昌先生一路风尘，夜萧雾茫，借宿于赵大家中。未料赵大夫妇见财起意，半

夜将刘氏杀害，为了毁尸灭迹，将他的血肉混在乌泥中烧成一个乌盆。刘氏思念家中亲人，强忍一口气将魂魄附在了乌盆之中。某日，一个叫做张三的老头（绰号别古）往赵大家中讨债，带回了乌盆。不想回到家中，乌盆突然开口，向别古述说其悲惨的遭遇。别古便带着乌盆到青天老爷包公处鸣冤，最后冤屈得伸，坏人罪有其责，刘氏家人托于别古照顾，和和乐乐，皆大欢喜。

年仅8岁的小冬无法理解如此晦涩深沉的内容，她只是单纯地学唱，沉静如水的歌声在她身上流淌着骄傲，世间的万物有灵且美，风景尚好，看不见一处惨败的低凹。小冬拜仇师傅为师仅半年，便平生首次登台献艺，扮刘世昌，雏凤清声，不同凡响。那天她音色嘹亮，运腔圆正，唱时未显雌音，不露坤角马脚，更使内外行刮目相看。小冬初登氍毹，新声乍试，即收佳誉，一炮打响，沪上戏界，一时传为佳话。[①]

光阴似箭，时间流经己身时漫长得如同严严寒冬，回想时却似吹皱一池春水的清风，柔软又无法察觉。孟小冬（那时候她还叫做孟令辉，第一个艺名孟筱冬也还没开始启用。）拜仇月祥学艺，三年时间如白驹过隙呼啸而过。仇月祥只有孟小冬这一位学生，他是在照料一棵灼灼其华的小树，每一处都亲自抚育不假他人之手，每一根枝桠都浸润着他的煞费苦心，每一片新叶都伸展着他的抚摸灌溉，在某个清晨绽放的第一朵桃夭，染着他的心头血，花蕊的一抹朱红艳丽而妖冶。小冬如同一块浸没在戏曲里的海绵，尽情尽兴地吸收师傅交予的精华。

所有的成功都不是仅靠一朝一夕的聪明伶俐，总归需要长夜漫漫终日苦练的时光。那一砖一瓦垒成的地基稳固，才不至于爬到高处便觉摇摇晃晃。学习是世界上最浪漫的教养。因为在这块领域，无关运气，无关爱恨，只要在春天撒下万千树种，便会在秋日尝到果实的芳香。当时看似无用的技能，也定会在生命的某个时刻呈现出它的意义。

如果一切世事都如同学习可以得偿所愿，只要度过雪案萤窗前的漫漫时

[①] 引自《梨园冬皇——孟小冬传》，徐锦文著。

光，忍受暗无天日十年寒窗，就能金榜题名，春风得意马蹄疾，一日看尽长安花；如果交予了真心感情，许下山无棱乃敢与君绝的诺言，就能换来洞房花烛夜，如同梁上燕，岁岁常相见。那在这纷扰尘世，就不会有怀才不遇的书剑飘零，也不会有可望而不可即的红颜英雄冢，更不会有相爱却不能相守的生离死别。但也正是有这些期望与失望，美丽与哀愁，世间才多了诸多动情的演绎。

  小冬在日夜不断的歌舞管弦中，任清风吹尽马蹄声声，一身素衣写乾坤。她独自在暗夜的纸窗下走过，摇曳的烛火燃尽了故乡的清冷月光，那光芒似乎在对她吟唱：走吧，走吧，往前走吧，你会梦醒在一个美丽的地方。

第二本
你是皎夜清月临人间

第一折　三逢锡城烟雨中

　　人生如同一出浩瀚延绵的长戏，每个人在舞台上扮演别人眼中的寂寞悲喜，台下的观众只看见一出出没有来因又没有结局的相逢与别离，却不知在漫长的时光中，主角在如何与宿命角力。欲挣脱那千年星轨终伶仃，只能在黄昏的小巷中注视逆旅的身影，临水而筑的一方小亭，闻不见红蕖幽香在白沙汀。

　　红尘漫步，看尽周围紫陌青花，黄泉碧落，纷杂如同一匹乱色的织锦，想要在其中找寻解开谜团的线底，已让人头晕目眩难以清明。我们每日行走在寂寥黄昏抑或晨曦，熙熙攘攘来去全无留意，闲时端坐台下看一出折子戏，大红的幔布掀开了缘聚萍散的记忆，便可以暂时躲进台上的豪情万丈，书生意气，爱恨情仇，纸醉金迷。

　　那台上的演员呢？他们用一生经历了万世的故事与结局，一颗纯粹的心在尘世间翻滚，被打磨得日渐老去。他们是观众的逃离，他们又能够回到哪里？看尽人世冷暖，千疮百孔的心逐渐平静，纵然是躲避不及的狂风暴雨，也可以行云流水不过心。

　　孟小冬就要走上这样的一条路，她尚且年幼，却要体验身在天山的快意人生，或者心老沧州的悲痛欲绝。她能够明白每一句唱腔中的痛苦与折磨吗？古人称酒乃钩诗钩，我们没有八斗之才，却也能被酒或者戏钩起心中卑微的感情。钩起本以为已经遗忘的过往，放在心底的桃花面庞，照亮春江边的一束白月光。

钓起曾经意气风发的少年梦想，面对现实无可奈何的彷徨，还有如今碌碌无为的屈膝窝囊。多么想捧起腰间的温热酒酿，多么想在静夜的墙角痛哭一场，多么想安稳好梦没有纷扰忧伤。

但是小冬无处可逃。台下人的迷醉需要台上人的清醒，观众的逃离需要演员的尽情演绎。她只能以纯美的眉目，却戴着黑三髯口，在一遍又一遍的练习中揣测剧中人的宝刀易老，明珠蒙尘。也许小冬不知道汉献帝"父啊……子啊……们在宫院伤心落泪"的家国情殇，也不知道汉献帝提起"曹孟德"三字时为何如此咬牙切齿，不知道他是如何眼睁睁看着国破人亡，却在老师的教导下，依然把其中的高低宽窄、个中滋味演绎得淋漓尽致。感情需要时间的积淀，而明白人生则需要感情的祭奠。小冬人生中第一次正式演出，正是这出《逍遥津》。

也许吟一曲《打金枝》，她之后的良人便会如同郭暧一般，宠她疼她教导她，两人打情骂俏，她却径自有恃无恐。也许唱一首《仁贵回窑》，她献祭般的爱情，可以如同断掉的琵琶弦，再度接起，轻拢爱恨绵绵无绝期。也许演一出《奇冤报》，总有被逐渐腐朽的血肉得到解药，偿还在人间里犯下的错，也会有青天白日的存在，主持公道。

可是小冬的"打炮戏"却是这出《逍遥津》，国破山河在，家碎人凋零。汉献帝刘协眼见曹操权势滔天，便暗中与伏后计议，派内侍穆顺给皇后父亲伏完送去血写诏书，嘱约孙权、刘备里应外合，清君侧锄奸曹。然而天不遂人愿，又或者是曹操小心谨慎，竟然从穆顺的发髻中搜出密诏，便借此为由佩剑入宫，不仅将伏后乱棒打死，还鸩杀了伏后的两个儿子，诛灭伏完和穆顺家中的男女老少。汉献帝的一念决定，却让家业散去，妻死子亡，还搭上多少条无辜的生命。

也许小冬的生命就如同这出戏，到最后，什么都没有留下。

小冬的第一次跑码头，搭班唱戏，是在烟雨江南的无锡城。孟五爷和仇月祥师傅悉心教导小冬数个寒暑春秋，深觉只有让小冬出去历练人生，感受如烟花般灿烂又转瞬即逝的千里江山，才能明白世间如侬有几人。

凭小冬现在的技艺，挑帘登台已不在话下。说来也巧，无锡新世界的经理在各处寻人，为剧场找一位功夫到家的老生，小冬的六叔孟鸿茂被委托邀角，便推荐了小冬去试试。剧院经理初见小冬，眉清目秀、稚气未脱的小女却一派胸有成竹的模样，颇觉有趣，便让她唱一段试试。小冬信手拈来那一出《逍遥津》，却是将宫廷无限伤心事唱得高低婉转，不胜悲切。经理听得如痴如醉，心中暗暗惊叹，少年天才，便是如此才高卓绝，无锡已多年无人能唱此戏，这小妮子去了必定轰动全城。一曲终了，经理连声夸奖小冬名不虚传，当场拍板让小冬上无锡挑帘，头天打炮戏就唱这出《逍遥津》！

千里马常有，而伯乐不常有。寻得绝世璞玉需一双看得见暗藏秋水的眼睛，然而拾取一块光彩夺目的美玉，却只要等待洛阳城东桃李花，飞来飞去落谁家的幸运。几分偶然，几分运气，有着天人之姿、傲雪之才的小冬，就在1919年的早春，出发前往桃李争芳的鱼米之乡，太湖锡城。

这里桨声灯影，这里烟柳繁华，这里有大把的闲暇。城市和村庄闪烁着微许的灯光，远远看来，层层叠叠，大地如苍老的天空，满目皆繁星。大上海来的女坤生要在锡城开唱，无锡新世界剧院提前数天便贴出海报，媒体小报更是

新世界屋顶花园旧照

刊文宣传，小冬如同一把燎原之火，将整个城市燃烧了起来。观众们对这个唱老男人的小女娃，充满了好奇。

谁知天有不测风云，头天打炮戏临近开演之时，竟然雷电大作，风雨交加，许多原本打算前往捧场的观众都裹足不前。小冬却毫不畏惧，照常演出。也许她根本不知什么是害怕，抑或在她的世界里只有登台唱戏这一件重要的事情，头炮戏的上座率，当地媒体的口碑，隐隐约约的迷信与好彩头，都不在她的考虑范围之内，又或者这些对于一位年仅11岁的孩子来说，过于沉重。

这一天晚上，剧院外大雨滂沱，轰隆的雷雨声并没有淋湿屋内热乎乎的气氛，虽然因天气原因观众略少，却也几乎满座。时而有热烈的叫好声，夹杂着悲怆的胡琴声，时而台下屏息等待，小冬一句长腔高亢哀戚，引得众人无不为之动容，伤心落泪！整个剧场都随着小冬饰演的汉献帝，算计，被算计，伤害，被伤害，赌上了全部身家，却害了那无数性命，最终国破人亡，妻离子散。

及至《逼宫》一段，华歆出场欲杖杀伏后，台下的观众已身在戏中，将果皮、烟蒂向演员掷去，不愿看见那好人殒命，奸臣当道。可是世事并不是做一位好人就能一生平安，我们的念想抑或愿景，似乎都掌握在别人手里，最终一败涂地。六朝旧事随流水，但寒烟衰草凝绿，至今商女，时时犹唱，《后庭》遗曲。遗曲终了，石破天惊，观众恍然从深宫冷院中走出，被刀光剑影的计策谋略、血雨腥风的奋力厮杀惊诧得久久无法平静。整个剧场人声鼎沸，掌声如潮水般向小冬涌去。

初次搭班挑帘的孟小冬一炮打响，此时的她尚不足十二周岁，剧中扮演两个皇子的演员都是成人，小冬身穿厚底靴，却依然比左右两位皇儿低了一头有余，让观众忍俊不禁。然而，当时的《锡报》评论：

"……前晚整个剧场沸腾了，观众席上一片惊叹声：这是奇迹！她才12岁。孟筱冬毕竟不凡，可谓大器早成。

……孟筱冬12岁能唱谭刘各调，亦天才也。"[①]

---

① 引自《梨园冬皇——孟小冬传》，徐锦文著。

这一位少年天才此次在无锡历经两月，共演戏近七十场，观众欲罢不能，每晚卖座极盛，据说"后至者几无插足地"。如此盛况，就将初次开演的小冬捧到了天上。她站在广寒宫阙，满目只有吴刚旧伐未断的月桂树，在遥远碧色的家园里，信徒对她如同神明般敬仰膜拜。也许小冬的一生顺遂太早，遇见此景便花光了平生的运气，之后的一生便如镜花水月，带不走，也找寻不回。

观众惋惜小冬的离去，一直责怪新世界戏院未能全力挽留，戏院老板颇有压力，便重金礼聘小冬二次莅临无锡献艺。梅开二度雪芬芳，相隔仅仅两月，小冬比上次竟然新增了十四出新戏，戏路也从孙（菊仙）、刘（鸿声）向谭（鑫培）转变，令人深为佩服。

南国的盛夏，骄阳似火，孟小冬静悄悄来到无锡，连一丝微风都不曾惊动。却没料到观众的热情快要将她淹没。七月底她从上海走来，十一月才挥手离开，四个月时间内，她连演110天，风雨无阻，中间竟无一日中断，对于年仅12岁的小女孩来说，似乎应该与同龄人玩耍，在父母前撒娇，安享快要逝去的童年，明媚如阳光，让三春芳菲都黯然，而不是如此辛苦，连排名剧以飨观众。

可是没有前面的苦心经营，怎有后来的偶然相遇？这个世界并无拯救苍生的神灵，我们只得以己之身，度一场困厄流离。没有一日一日看似无望翻来又复去的练习，怎么能将每一次转身每一句话语都在梦中记起？这些戏都是小冬的烙印，闭上眼也能够信步走到舞台上固定的位置，不听声也能够将那词曲信口唱起。

在潮湿闷热的南方酷暑，小冬每一日穿蟒扎靠，勒头戴盔，背负着沉重的行头，为热情的戏迷上演一出出人世间的金戈铁马、翻云覆雨。而在台下静静欣赏那大风大浪、花影暗香的观众，忍着臭汗掩鼻观看也要欣赏完全。

当时的《锡报》曾报道："屋顶花园自孟小冬卷土重来，游客陡增，日间以乡曲为多数，晚间则人众拥挤。深望主其事者将剧场设法扩充之。"报上又说，"孟小冬自离锡后，一般戏迷深为惋惜。今闻孟伶重行来锡，连排名剧，以饷邑人，故门票每日可售七百余张，皆该伶一人之魔力。"①

堂阔宇深，太湖边，水涟涟，世外桃源呀。这样的一方世外桃源，竟然让小冬注入了一股热泉，众人骨酥心痒，无可救药。

就在小冬让无锡市民如痴如醉的时候，锡城突然连日暴雨，水淹无锡，举目尽是泽国，来往间多有不便。更可怖的是，暑热加上大水，让城里疫病流行，"此次时疫染之者非常危险，往往不救"，"天时不正，虎疫流行蔓延之速，令人心悸"，"匝月以来，疫疠大作，死亡相继，谈者色变"……②

1919年7月《锡报》所登广告

如此天有不测风云，整个米市无锡到处冷冷清清，"各项生意异常清淡"，却丝毫没有影响到小冬在新世界剧院的演出，她依然每日用一支画笔涂上油彩，端端正正戴好髯口，精神饱满地出现在戏迷的眼前，好似外界没有任何事物能够影响到她，她的所有就在她那空空的双手之上，锣鼓一响，咿呀半晌，酸甜苦辣，尽在这戏梦一场。

除去在新世界的屋顶花园，孟小冬也会参加一些慕名相邀的堂会，比如无锡一薛姓大户人家，主人鉴赏水平极高，近日时常听旁人谈起一位女老生孟小冬在无锡演出，说唱做派皆十分有味道，非同小可，便借着母亲六十大寿的机

---

① 引自《孟小冬与无锡杨氏》，朱树新著。
② 引自《梨园冬皇——孟小冬传》，徐锦文著。

会，邀请小冬赴薛府演出，指名要听《武家坡》和《捉放曹》。

当晚的薛府红烛高照，各式寿礼器具光彩夺目，流光水影衬托出小冬唇红齿白，粉嫩大方。听完小冬的两出戏，主人兴致越发高涨，执意要小冬加演一出《黄鹤楼》，小冬却是面有难色，先不论此时已午夜将过，月上中天，单说这出戏，小冬便没有完完整整练习过，更不曾上台表演。可师傅仇月祥却一口应承下来，在台下指导小冬"钻锅"（意即在台下临时学戏）。

所谓少年天才便是这样，短短的数十分钟，要将从来没有练习过的台词腔调记得滚瓜烂熟，还要临时学习做派与走位，平常人需得数日的苦功，小冬在这半个时辰内做好。饰演刘皇叔的小冬现学现演，师傅在台底把场，竟然顺顺当当演下来了，还得到了主人极高的赞扬，对她那句"休提起当年赴会在何梁"念念不忘。

这位薛姓主人不是别人，正是袁世凯的乘龙快婿，一代剧评家薛观澜。他晚年总结出孟小冬一生的艺术成就，列出她的"八次代表作"，在他家堂会中演绎的这出《黄鹤楼》便是首次。

在这短短一年之中，往返锡城两次，前后竟然达半年之久，将近 200 天的演出，把三年求学期间，师傅交予的三十出戏，反反复复倒演多遍，技艺得到了巩固，临场感觉也慢慢摸索出来，终其一生都从中受益。

孟小冬和无锡的缘分仍未完结。五年之后的 1924 年，此时的小冬不再是那天真烂漫的小女，变身为十七岁亭亭玉立、温柔婉转的姑娘。她结束了在上海的演艺生涯，准备一路北上前往京城。无锡新开了一家庆升戏园，开张之初，老板多方派人寻找联络，终于把小冬再次请回了无锡。此时的小冬已红透半边天，广告上打出的宣传是："重金聘请京沪著名环球欢迎超等唱做并美须生泰斗。"

小冬的技艺日臻完美，更加带有琴师胡琴圣手孙佐臣。小冬的曲艺大气悠扬，老孙的琴声圆润流畅，让整个暮春初夏都做了黯然的背景。报纸评价"孟小冬之唱做比前进步，某戏迷家谓犹五百与五十之比。"① 小冬此次只是应主人之邀，短期演出，六天内演戏八场，场场爆满，盛况空前。

小冬是幸运的，她的开场轰轰烈烈，身边众人笑语盈喧，一身技艺在手，独占江南此春。每个骄傲的夜里，不管是天青彩云，还是月晕欲雨，都不用去想最后两手空空，面对散场时的寂寞冷清。所有这些辉煌的过往，都暗藏在石街小巷，默默收藏关于她的消息，流传那蛰伏了一生雨季的传说。

第二折 众里寻她千百度

只要心中仍有不变的期盼，就会在脚下游历红尘冷暖。我们在人世间辗转多少次，才能够偶遇最终去向的地方？一声声残阳啼血，唤得我们自劫数中醒来，方才知归来，归来时，那一壶梅酒已冰凉，一张绿漪琴弦断，一把三尺青锋锈迹斑斑，繁华就此谢幕，只有静夜捣衣声声，才是最真实的存在。

山重水叠，云雾迷离，草软凝碧。春日太湖，桃之夭夭，那一树一树的花开烟散，都是小冬与她的观众相见的理由，幸而他们相逢在最美好的光阴如初。连场的演出换来了小冬红极一时的美名，漫漫艺术人生路对小冬来说似乎过于顺遂，不知这种顺遂是否代表对生命对幸福的透支。如果幸福是一壶清茶，那么小口地细呡慢品，在一树梨花的相伴下得浮生半日之闲，才最完满不过吧。

生活恬静安然，说不出的美满。白无锡返回上海之后，经自家六叔介绍，小冬加入了上海大世界游乐场里的乾坤大京班。她的人生大戏就此开场。上海

① 引自《梨园冬皇——孟小冬传》，徐锦文著。

大世界建在法租界最繁华的地带，游人如织，名气颇旺，甚至有时谚称"不到大世界，不算到过大上海"。乾坤大京班坐落在大世界内，全天至夜间都上演精彩绝伦的京剧，卖点是乾坤同台，男生女伶合演一场戏，吸引了许多备感新鲜的观众。

历史的发展缓慢而艰难，多少一纸荒唐言上泪痕濡染，墨迹犹未干。如今熟视无睹的事情，当年却是惊世骇俗，掀起无数惊涛骇浪。人类一寸寸往前走，步履维艰，有多少先人抛下头颅垫起百姓的来往阡陌，撒下热血浇灌那世间迷花希望？一个世纪前的1913年，北京国民政府的警察厅贴出"男女合演，有伤风化"的大字布告，男女合演被明令禁止。我们诧然这种古老的封建思想，却发现再早上几年，妇女竟不能随意到人多杂乱的剧场看戏，就算前往，男女客人也必须分坐不同的区域。

这只是一百年前，人类生活的时光。为了到达彼岸的鸟语花香，希冀人和人之间只有相爱没有悲伤，还有多少山水需要上穷碧落下黄泉用双脚丈量，就算最后两处茫茫皆不见，也无愧于尘世上走一场。

我们已无法想象祖父他们一辈的生活，那么遥远，仿佛从宇宙洪荒中流传而来的记忆和声响，却也镌刻上所有人无法背弃的相连血脉。上海这个繁华的大都市，因为英租界、法租界里楼高天涯远，风不过留痕，辛亥革命后才慢慢出现了男女同台演出的身影，如共舞台、新世界等。大世界剧场新开张，见得有前番先例便更得肆无忌惮，标新立异起名"乾坤大剧场"，借此吸引观众。

也许冥冥之中一切皆有注定。小冬第一次在剧场固定演出拿包银，便是在"大世界"，而她此生所见世界广袤无垠，草高风疾的景色在远方呼唤着她，让她随着流水的颜色一直向前走，走到永无休止的山高水长。雁过无痕，却带来故乡秋天的消息。她站在世界中央呼唤着谁的名字，却发现被抛在身后的家国情思，都就着一杯淡酒成为了前世今生的祭奠。

年仅11岁的小冬尚属童伶，年少学浅，却在大世界的舞台上站稳了脚跟。这里有演武生的李春来，有名旦粉菊花，她却在这人才辈出的地方开辟出自己的疆土，经常演压轴或者大轴戏。

纵然如此，小冬眼前的只是一个洋洋洒洒、光怪陆离的纷杂世界。埃尘蔽日，却没有蒙住了她看向世界的清灵之心。大世界并不是一个单纯的剧院，而是一个人多纷乱的综合游乐场，游人如潮水般进出，花少量的钱买上一张门票，便可在其中游乐一整天。是故乾坤大舞台不愁没有观众，人们走过路过便进来看上一看，却因此没有固定的戏迷，不爱看了说走就走，只不过是一场消磨半日时光的玩意。

那时年纪尚轻的小冬，孤独地站在戏台上，看着场下乱哄哄的人流来去，烟雾缭绕，这边是谁在和不认识的女子调笑，那边又是谁一语不和便打架吵闹。她如同一朵小花绽放在车马游龙的街旁墙角，流年里花开的心事，也只有她自己知道。纵然舞台下万紫千红总是春，可拉开的大幕却如冬日结霜，让小冬不由自主地打了个哆嗦。原来这才是真正的生活。

小冬最大的赌注便是年轻，她可以有悠长的时光去理解去吸纳这些如鬼魅般纷至沓来的现实，无论来早或来迟。她依然安静，依然在如水的时光前径自地站立着，吟唱着。剧场内毫无秩序可言，演员对这一切都感到莫名的失望和愤恨，表演起来也带有一丝无奈的马虎和随性。小冬却不一样，经过她演绎的东西，都有着不一样的用心。按照规矩一丝不苟地演唱，歌尽桃花扇底风，仿佛她所有的歌唱都是为了惊醒自己落寞的存在。

我们所渴望的，往往得来于最不经意的时候，而每一分坚守于自己的努力，却换来他人的回首凝眸。飞鸿字字愁，月自空明水自流。小冬在台上对待自己对待艺术都有着高于常人的要求，这些要求却替她带来了戏迷们的尊重和欢迎，甚至有无锡的老戏迷专程赶来听她唱戏。

孟小冬在大世界演出一年时间，基本无一日间断，见到了如此努力的自己，见到了此间是如何的生活，见到了缥缈浑浊的世界，这一年时光完满落幕。这一年之后，孟小冬去往了大上海另一个大型剧院，共舞台。

有时我们并不是想把自己的欢喜快乐建立在他人的痛苦悲戚之上，只因造化弄人，如此慈悲善良，竟要眼睁睁看着他人的伤口他人的痂痕，还不得不一脚踏上，污血满地。孟小冬走进共舞台的原因，就是如此不堪以及哀伤。

共舞台戏院刚开办不久，和大世界的乾坤大剧场一样，是一座男女共演的戏院，在当时十分新鲜。"上海第一家男女合演的剧院"成了一个招揽观众的噱头。能在偌大的上海滩开起一家红火的戏院，共舞台背后的势力不容小觑，说起来便是那上海青帮"三大亨"之首的黄金荣（另两位为杜月笙、张啸林）。

黄金荣一生动荡，富有传奇。也许每个人都有机会成就非常，却不知在哪个岔路口挥别了希望。那些在时代的筛子中出类拔萃的人物，是不是午夜梦醒时抓住了翻云覆雨手，陡然明白了此生该何去何从？坐拥天下，一个人的游戏，千万人的悲哀。

黄金荣早年坎坷非常，不喜读书，却十分擅长和流氓地痞打交道，当过学徒，也开过水果店。人生的转折发生在22岁时，他有幸进入警界，时任法租界巡捕房包探。也许这些故事和常人并无二致，后来的辉煌腾达看似毫无道理可言，却有着无限的必然。他一身蛮力，心狠手辣，招募了一批惯偷流氓给他提供各种情报，竟也因此破获了一些案子。另外一些手段就不那么光明正大，为了提高声誉，他还经常贼喊捉贼，导演了不少闹剧。可在那荒诞不经的年代，被这些闹剧惊醒的庭树栖鸦，也不过睁眼瞧上一眼，便长啼一声飞过夜风，一切空无所依，只有老旧的宫槐依然在庭院中沉静地呼吸。

旧上海脂粉艳丽，纸醉金迷，带着生与死的迷局，漫天香粉中充斥着馥郁迷醉的缠绵夜语，烟花锦罗里根植了丧心病狂的血腥。正是这醉生梦死的烟波浩渺，让黄金荣有了用武之地。时任法国总领事的书记官凡尔蒂携夫人同往太湖游览，竟遭到土匪的袭击，两人都被绑做"肉票"索要赎金。黄金荣接到命令急忙前去，找到太湖土匪的几个首领，轻而易举把两人保释了出来。几件轰动一时的案子一破，黄金荣深得高层赞许，被提拔为唯一的华人探督察长，另有八名安南巡捕当保镖。从此以后，黄金荣更加飞扬跋扈、胆大妄为，成为地方一霸。

荣升督察长后，他广收门徒，据称门徒不下三千人，就连蒋介石也是其中之一。当然，黄金荣叱咤上海滩多年，还是有一些眼力劲，蒋介石就任黄埔军校校长之后，又任北伐革命军总司令返回上海时，黄金荣便将10年前给他的"门生帖子"退还给蒋介石，此举深得蒋介石的赞许。

彼时的上海滩，戏曲文艺几乎由黄金荣一手掌管：上海五家最大的京剧剧场全部由青帮控制。黄金荣独占共舞台、大舞台、黄金大戏院三家，另两家天蟾舞台、三星舞台（后改中国大戏院）亦是由黄的门徒分别掌管，实际上成为黄金荣的一统天下。[1]

生活的艰辛在中国旧时艺人的身上体现得淋漓尽致。彼时并非身有所长就能登台献艺，普天之下，会唱戏的人那么多，你方唱罢我登场，并没有谁离不开谁，若遇曲终人也散，如花的脸庞也只得顷刻凋零。伶人的地位卑微如尘，谁都能踩上几脚。一口手艺饭，多年辛苦路。上海局势尤为错综复杂，各大势力盘根错节，流氓大亨瓜分着地盘。南北艺人想要在上海混口饭吃，必须想方设法打通黄金荣的关节，比如加入青帮，或者投靠达官显贵。诸如马连良、章遏云等，都是杜月笙的干儿子、干女儿，就连铮铮傲骨的麒麟童周信芳也曾拜黄金荣为老头子。

孟小冬能够走进共舞台，其实是托了另一位大名鼎鼎的坤伶露兰春的福。只是这些往事对露兰春自己来说，绝不是福祉，而是业障与悲苦。作为旧社会的女人，还是社会底层的女伶人，命运的咽喉从不在手中。

露兰春自幼丧父，由母亲和继父抚养成人。似乎除了孟小冬这般梨园世家出身，旧时女艺人都是流落至此。她们没有其他的生路可言，家业凋零，生活不幸。这些流离是否是命里带有的煞星？为何他人能在父母庇佑下安稳快乐一生，她们却要拥有如此强颜欢笑的青春，悲哀虚幻的梦境？

露兰春学戏后音色嘹亮，扮相俊美，颇受观众欢迎，场场爆满。她的美貌也引得黄金荣的垂涎。天生貌美不自知，落在他人眼里却成了一种罪孽。黄金

---

[1] 引自《梨园冬皇——孟小冬传》，徐锦文著。

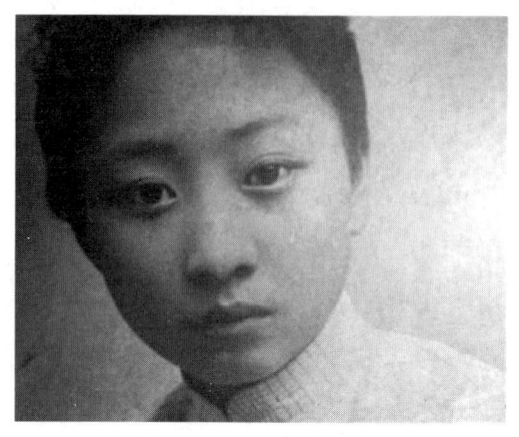

露兰春

荣在露兰春演出时不停派人捣乱，使她无法正常演出。走投无路的露兰春只得去黄公馆求黄老板赏光。黄金荣鞍前马后，给她安排了住所又出人保护，让露兰春内心有了一丝冰缝，以为这黄老板真心待她们这些艺人好呢。到底才二八芳华，识得这世界都是和煦日暖的光景，每个人的重逢都是萍水相聚，带了一丝感触是缘分，又有一种滋味叫做宿命。

没几个转身的功夫，黄金荣便借机占有了露兰春。露兰春孤苦伶仃，无依无靠，一厢苦愁无处言说，就算泪眼愁容，就算神魂俱断，也只能于夜深人静时，弹一曲琵琶幽怨凄婉，述说她单薄得可笑，又悲惨得可泣的人生。

黄金荣越发得意起来，公开宣称露兰春是他的小老婆，他新开的剧院共舞台一开张，便让露兰春挂头牌，不仅连接数月亲自下戏馆为她捧场，又甩出大叠银洋，要各报馆不惜工本地捧露兰春。一时间，上海到处可见露兰春三个大字，街角处处可闻她最出名的唱片，人人会哼一两句她的唱腔。她的名声压倒了上海红伶小金玲和粉菊花，红极一时。

也许所有的歌舞升平下都埋藏着血雨腥风，丝竹管弦是乱世兴亡的序章，霓裳羽衣粉饰了家国太平，最终成为了一朝乱世的祭礼华殇。武陵少年为了桃花青衣而争风吃醋，纨绔子弟横行乡间逗弄红颜，世间凡人都只知风月不认银枪，一曲笙歌犹在花前月下为离别而伤心落泪绝，众人掩耳不愿听见的金戈铁马，已经从远方的梦中倾泻而来。大国将倾，却仍旧以一支眉笔支撑着广厦万间，用一抹胭脂描红那史册青简。

露兰春的美貌和名气，在十里洋场，张扬浮华的大上海滩，对她并不是一件好事。许多"公子王孙"便慕她的名,求她的色前来。自古年轻貌美的佳人总有骄奢淫靡的纨绔子弟惦记,仿佛没有绸缎织锦的千金一笑,便称不上沉鱼落雁的美人,若无花花太岁的强取豪夺,便没有千古流传的肝肠寸断。林冲娘子有高衙内惦记,杜十娘有孙富惦记,露兰春亦如是。这追求露兰春的不学无术花花太岁中有一位便是浙江省督军司令卢永祥的儿子卢筱嘉,彼时与孙中山公子孙科、张作霖公子张学良及段祺瑞的公子段宏业并称"上海四大公子",飞扬跋扈,不可一世。露兰春是黄金荣的情人人尽皆知,黄金荣的心狠手辣曾替她挡去了许多麻烦,卢筱嘉却让黄金荣差点丢了一条命。

露兰春跟了黄金荣之后,白天要上台唱戏,晚上陪黄老头子嬉笑打闹,十分辛苦,有时白天演出便觉有些力不从心。她只是一介弱智女流,花拳绣腿抵御不了洋枪铁炮,甚至都撕不破她被迫躺下的鸳鸯暖帐。这天晨起露兰春便觉身子有丝不适,站起走路都带有迷茫的目眩头晕,却毫无办法,只能硬着头皮上场。

她唱的仍旧是拿手大轴戏《落马湖》,卢筱嘉亲自捧场,黄金荣也在包厢里欣赏他的美人他的乐事,露兰春饰演的黄天霸刚出场亮相,念完白便要把腰间的垂带踢上肩头,谁想她此时身虚腿软,竟是几次三番也未能做成。卢公子之前追求不成一直怨恨在心,便不停发出嘘声,大声叫唤着"好功夫!"露兰春听闻倒彩声,心神更加不定,一张小脸雪白,让油彩越发鬼魅起来。

因爱而生恨是世间最不合时宜的相逢。不能强求的缘分就随它消散在东风如雨之中,桃花的颜色终究会似素宣惨白,由一枝分叉的狼毫蘸着枯墨将它渲染成遗忘的模样。纵使离别的笙箫吹不响重逢的笛声,梦中的相见,也是尘满面而鬓如霜。我们又会记得谁的爱恨谁的面庞?只是恋空一场。没有人会穿着火红的嫁衣在原地等你,如梦的美人也会迟暮。马放南山,英雄的记忆消逝在骀荡的春风中,铸剑为犁。

黄金荣眼见情人如此憔悴,怒火中烧,冲冠一怒为红颜,带着随从来到卢筱嘉的包厢,不由分说便是几个耳光。从来都不可一世的卢公子被突如其来的横祸打懵，一看周围全是黄金荣的势力，便只得恨恨擦了擦脸上的血，被搀扶着离开。

君不见咫尺长门闭阿娇，人生失意无南北。痛失颜面的卢公子岂会就此善罢甘休。两日后，一群荷枪实弹的便衣冲进共舞台剧场，用枪抵着黄金荣的脑袋将他拖了出去，带到淞沪护军司令部，关在地下牢房。挨饿挨打，让上海土皇帝黄金荣叫天天不应，叫地地不灵，着实吃了个大苦头。虽然这一场危机最后由杜月笙所解，却也大失颜面，风光不再。

没想到，黄金荣脱离险境之后做的事情，除了感谢杜月笙救命之恩，竟是执意要将露兰春娶回家，以免再惹事端。我们不能对他的爱情妄加揣测，却依稀地感觉到，似乎有一分真情在其中。但凡和戏子吟风弄月，不过是露水姻缘，此次已让自己颜面不堪，哪还有继续近身的道理？可是他想的却是，让她回他的家，不再有名不正言不顺的危机，他的臂膀可以护她一世安好。

只能说，爱好女色的黄金荣，栽进了命运织就的情网，一片绮罗在笙歌，愿我如星你如月，夜夜流光相皎洁。这是一出古老的剧目，六十岁的花花大亨要娶二十岁的貌美戏子，不出意外的，会有一位曾经巫山的正室，爱了他许久，助了他许多，才让他有了今天的地位成就。更不出意外的是，正室一口回绝，誓死不应允戏子进他们家门一步。

古往今来多少悲剧，都浓缩在这短短几行清字当中。我们悲叹男子的沾花惹草，不情不专，遗忘曾经在漠漠寒冬为他盛开的素梅，春风回暖的时刻，便爱慕了那桃花醉相思的朵朵芳颜，丝毫不顾梅花怎么被折下，又怎样被他丢弃在路旁，毫不可惜。我们悲伤哀莫大于心死，平生唯愿一生一世一双人，不负如来不负卿，却发现这只是红尘轮回里的传说一场，心已死，意便冷，只道一声东风不如归。我们终悲哀纤纤女子的一双素手无法抵挡命运的蛊，任由世事噬尽她的血肉，最后误了年华，误了良缘，误了终身，独留青冢向黄昏。

于是不得不爱，不得不嫁，不得不走，不得不放手。所有的"不得不"都是谎言，只是为成就心中的欲念，给自己的半生飘零下的咒语。黄金荣的发妻不愿露兰春进门，黄金荣不得不请杜月笙从中调和，杜月笙不得不去劝慰他一直尊敬爱戴的桂生姐，没想到林桂生态度坚决，放话说想要露兰春进门除非她走。

也许是高估了黄金荣对伦理对舆论的在意，又或者是低估了黄金荣对露兰春的爱情，又抑或她压根不在意，她只求她的决绝和完满，世事结局如何，和她毫不相关。露兰春要求接管黄公馆，并且坐龙凤花轿光明正大出嫁。也许这仅仅是权宜之计，却最终让林桂生和黄金荣不得不离了婚，搬离黄公馆。

林桂生是不幸的，她的含辛茹苦，她的出谋划策，曾经帮助丈夫成就了大业，却没能在暮年阻止她成为糟糠下堂妻。但是她也是幸运的，就算再辛苦不堪，也保存住自己的颜面，不与他人共事一夫，也绝不接受你的嗟来之食。终其一生，林桂生再未接收过黄金荣，甚至是关系最好的杜月笙一分钱的资助，自食其力，平静度日。

就这样，黄金荣将露兰春娶进了黄公馆，不让她再抛头露面，演艺唱戏。可是共舞台的戏依然如同流水般唱开去，一位能够取代露兰春的女老生，便是黄金荣之急需。

孟小冬得到了这个机会。虽然她从不曾想借他人的不幸婚姻而出彩，可是命运不由得自己。她在一个和煦温暖的冬日，登上了共舞台的戏台，改原来的艺名"孟筱冬"为"孟小冬"，伴随了她整个前世今生。她在共舞台一年时光，颇受观众好评，与露兰春也结下姐妹之情，两人之间经常互相照拂。然而红颜多薄命，这薄命是因为等不来上一世同舟而行数千年的人来泅渡我们，只得淹没在彼岸之前，望不见碧落又黄泉。

孟小冬戏单

黄金荣对露兰春倒是事事讨好迁就，却丝毫未料到露兰春委身自己是因为恐惧，而非爱情。无奈的烈酒总会掺和着半杯鲜血，半杯眼泪，和半生寒水空流。露兰春在外爱上了颜料大王薛宝润的儿子薛恒。然而游戏花丛的薛二公子如何是能够托付终身的良人？两人在黄金荣眼皮下颠鸾倒凤，最后一卷细软，私奔了事。露兰春押上了她的全部身家，她的爱情她的成就，她的年华和她的性命，却未曾想到，薛恒什么都没押上，他只是自己做了庄家让她满盘皆输。

黄金荣因为此事在上海滩威风不再，气急败坏之下诬告薛恒拐带露兰春骗取了他的家产，薛恒厌恶露兰春带来无数飞来横祸，便将她无情地遗弃。才华都是无用的华裳，掀起遮羞的衣物看来，爱情依然满目疮痍暗伤。如何能相信薄情男子的地久天长？那不过是他闲来无事的玩笑孟浪，你却径自爱那落花信了流水泱泱，将一腔热血都换了曲终人散场。

露兰春走投无路，穷困潦倒，几年后便香消玉殒，魂归九天。能否有人记得她曾经绝倒众生的微笑，却是她留给人间最美的画面。她没有来得及等待你的来到，却也没有好梦一场。

这只是我们欢喜的假设，然而更多的结局会如同张爱玲所看透的一样："我以为爱情可以克服一切，谁知道她有时毫无力量。我以为爱情可以填满人生的遗憾，然而，制造更多遗憾的，却偏偏是爱情。阴晴圆缺，在一段爱情中不断重演，换任一个人，都不会天色常蓝。"

孟小冬多年之后回到上海参加义演，听闻露兰春盛年早逝的结局，不禁潸然泪下。你为谁流泪？为谁悲凉？也许只是为了她自己，参不透桃花扇上的玄机，也看不透人间的别离。她无语凝噎，她措手不及，她的心境不复如初，却依然笔直前行，奔向生命的另一端。

第三折　春风得意马蹄疾

世间的一切如流水般来去，锦罗烟花转瞬即逝，我们看见桃花在北风中凋落，呼啸而过的风声洗净所有的铅华与脂粉，生命中的美好只得我们用双手去争取去守护，也许一切都守不住，恰似经年的锦绣，再小心翼翼地触碰，也会化为齑粉，刹那间于枯黄的灯影下灰飞烟灭。听见窗外他人走过的声音，回荡在小巷清冷的夜空里，突然就领悟了也许我们并不需要战胜深深眷恋的人间，只要承认红尘默然屹立于我们瞳眸清澈的倒影下，千里江山寒色夜幕，天空中洒落风凄雨苦。我们坦然接受，然后与宿命握手言和。

白鸟飘飘，绿水滔滔，当年粉黛，何处笙箫。故都旧情都随了流水，再也看不见浣溪沙的女孩闲暇时清唱一首天涯旧恨，也看不见采莲的姑娘芦花深处泊孤舟，笛在月明楼。所有的繁华都如同尘埃一般腐朽而逝，连一处落寞的纪念都未曾留下。一切执念，终成虚妄。

孟五爷和仇月祥师傅都深深懂得这个道理，没有什么是不会变化的，此时此刻的如日中天会有一天被嫣然巧笑的新女替代，此时此刻的衣食富足也是昙花一现，君不见多少名伶满足于眼前洋洋洒洒的三千繁华，最后却被这个光怪陆离的世界吞噬得一干二净。此时的小冬在醉生梦死的大上海日日出演，却为了迎合观众的潮流不得不排演新剧，加之人多繁杂，虽不担心没有观众，却似乎再也无人能够安静地坐在台下，捧一杯清茶，看那小冬绽放在东风夜放花千树。

如果小冬一生就流离于共舞台纸醉金迷的午夜戏台，排演《闫瑞生》此等新剧无奈，注视光艳万丈的名伶色彩，她是否会将古老的剧目都放弃，眼角眉梢被抹上一层自己都陌生的风情，蓦然回首才突然发觉，自己的风光无限，却在岁月漫无边际的流逝下，被蠹虫侵咬殆尽，空余一身外人看不见，却在静夜里时刻折磨自己的暗伤疮痍。

她的师傅做出大胆的决定，放弃共舞台安稳充裕的生活，走出大上海，到更为宽广的天底下，云间由她腾挪。本安心守护一树落花的锦鲤，为了看那春风和暖，闻此花影暗香，也得生生经受住天雷滚滚，心甘情愿烧其尾而变身为龙。终其一生盘踞于云层之上，感受高处不胜其寒，再也无法回到那深山古寺的一方碧潭之中，却得到了无尽的夏日艳阳。也许小冬此举，也是焦其尾，置之死地而后生，不再满足于一隅安静的角落，因此成就了京剧冬皇一世盛名。

1921年的初冬，气温已经在冰点徘徊，人们蜗居在江南潮湿而冰冷的空气中，那种寒冷似乎随着北风涤荡开一切温热的事物，深深地浸入骨髓，于血肉之中扎根生长，再也不愿出来。而人们，就带着这样寂冷的种子，万物生长，每一日都比前一日要裹紧身上破碎的棉衣，腰身比前一夜更加佝偻，企图在自己给自己的怀抱间汲取一丝温暖。

孟小冬斜眺

孟小冬被屋檐下寒露凝结成的冰棱，濡染成一株不曾褪色的乱世梅花。她毅然决然地离开共舞台，在家中翻来覆去练习那古老的剧情。是美玉总会在尘埃中被人发掘，未过多久小冬便受邀赴福建、南洋小吕宋（即今菲律宾吕宋岛）等地演出。

小冬第一次在寒冷冬日见到依然鸟语花香的地方，一派南国风光，暖风熏得游人醉，身旁有蝴蝶翩跹如雪，在青草蔓延中往返流连。也许出走到陌生的地方是正确的选择，安居一隅，不知自己的眼界如此之小，仿佛只有共舞台的三寸见方。在崭新的世界里，能够安心回望，看清以前眼底一琴桃花歌，也不过是寻常百姓乐。

小冬在小吕宋为华侨演出数月，在大家的依依不舍之中，回到了上海，还未等小冬安静地享受风清雾茫，月柔星叹的时光，便受老艺人相邀，前去汉口商演三月。

烟波浩渺，气壮山河，商贾云集，繁荣昌盛。这是上个世纪20年代大汉口的写照，长江从西藏携带着雪山凝露一路奔腾而至，汉江在此分割出一半水系源远流长，汉口坐落在此交汇之处，襟双江而带千湖，控蛮荆而引瓯越，地理位置绝佳，上游是山内重镇重庆，顺江而下便是金陵和大上海，往北走可以到洛阳济南，到北平也非常方便，往南便是长沙和南昌，九省通衢，交通便利。汉口古称夏口镇，是江南四大名镇之一，其余三镇是佛山镇、朱仙镇和景德镇。建国之后，汉口与武昌、汉阳合并成为中国的中部枢纽大武汉。

汉口不仅是交通商业中心，文化剧艺上也不甘人后。京剧在汉口十分流行，诞生了一批广受欢迎的剧艺大家。京剧生行两位大师谭鑫培、余叔岩，便皆为鄂籍。正是有了大批技艺超群的艺术家倾情演绎，汉口观众的胃口被调教得相当之高，鉴赏水平并非一般乡村野夫可比，在中国唱戏，便有三大码头最难征服，正是天津、汉口和上海，一位名角儿想要得到认可，这三地方的演绎必不可少。

小冬之前和汉口有过一次擦肩而过的缘分。她的二伯父孟鸿寿介绍她去汉口演出，却因个人原因未曾交付定洋，小冬及师傅久等不至，以为事有变故，便受人相邀前去小吕宋登台献艺。

错过的缘分仍旧是缘分，它不会听任我们孤寂无为。大千世界里，终究会有一个我，也会出现一个你。也许小冬不该离开，可是醉卧红尘的人儿知道，她终会归来。历史不被人揣测或者更改，当小冬听闻汉口二字之时，一生命运的年轮便转动起来，凛冽的风声割破了绚烂刹那的空气，让她的一生的诸多往事起点，定格于此。

孟小冬在1922年的盛夏，于黄埔江口，登上了前往汉口的太古轮船，一声声汽笛如同开场前的锣鼓喧嚣，拉开了她精彩纷呈的一生。她不会想到，她做的每一个决定，都如此深刻地影响到她后来的每一步，就算步履维艰，就算转瞬即逝，经过了季节的温度，人生百态都被写就成一首风韵天成、波澜壮阔的长诗，在我们的吟诵下，飞往神州每一个地方。

小冬此行携带的琴师是胡琴圣手孙佐臣先生。孙先生小名老元，大家都尊称他为孙老元，与梅兰芳的伯父梅雨田为师兄弟，并称为晚清京剧两大琴师。孙先生曾常年为谭鑫培操琴，是以谭开创了伶人自带场面（操琴、司鼓）的传统。也许小冬在艺术上的一世顺利，都离不开她的良师益友们，仇月祥师傅倾心相教，后有名伶鲍吉祥带其入余门，最后师从一代老生大家余叔岩先生。而为她操琴吊嗓的前是胡琴圣手孙佐臣，后有梅雨田大弟子、余叔岩的琴师王瑞芝。这些如群星闪耀一般的人物默默地奉献出自己的一部分，献祭给紫陌霜浓，冷月青松，于芳草萋萋处耐心组装打磨，成就出最好的孟小冬。

船行至荆楚大地，小冬站在甲板上看那水流奔腾，一波又一

江汉关

波的江浪翻滚，带着对故乡的眷恋、对海洋的期盼东流不复返，雪山上的精灵就如此坠入尘劫，夹杂了一路上的草木沙泥，生生将百媚千娇的自己变得坚硬冷酷，却是为了什么？是否和现在的她一样，带着过去的痕迹，向往着未来。可是她的未来不是已经被注定了吗？四处颠沛、奔波流离，过得城关后，回首灯火瘦，天际晚霞秀。在这方度过几个月的时光，在那里登台为不相识的人们献唱一曲。

这便是已经注定的未来。她所能做的，不过是做到极致，名号在中国的土地上回响，经久不衰。念及此处，小冬心底不免有一丝担心，此时的生行正"无腔不学谭（鑫培）"，她虽工老生，却是以孙刘启蒙，在偌大的汉口，能够一炮打响吗？要知道，观众的赞誉让她风光无限，可是他们的冷漠也能将一盏热茶生生催凉。幸而身旁有精通谭艺的孙佐臣先生辅佐，也许世事并没有她想象的那么可怕，她过不去的永远只是她自己的那一关。

湖北素称"千湖之省"，省内湖泊众多，水系连通。然而汉口却是"四大火炉"之一，盛夏的骄阳炙烤着大地，让无处可去的水分蒸发成了弥漫全江的水汽，裹在人暴露的肌肤上，却让体内的苦汗不得而出，十分闷热难受。

孟小冬来到汉口的怡园剧场，这里半年前就曾贴出过小冬的海报，引得戏迷奔走相告，却因机缘巧合未能成行，实乃一大憾事。未曾想如今又有机会一睹上海著名女老生的风采，大家翘首以盼，奔走相告，三天打炮戏的戏票早早就销售一空。

三天的演出之后，小冬点燃了观众们的热情。孙佐臣的琴曾到过汉口，让老戏迷们记忆犹新，连海报上都大字登出"琴师：孙佐臣"以招徕顾客。他的琴声婉转悠扬，调门极高，配上小冬高亢清亮的嗓音，实在是一大享受。小冬在艺术生涯上似乎没有受过什么挫折，少年天才，每到一处便如同大风刮过，吹得人追捧抬爱，从来没有遇到过半温不火，倒嗓尴尬的事情。

曾经有人回忆道：

那次我正巧也在汉口，看了孟小冬一出《奇冤报》，从行路到公堂，一气呵成。剧场座无虚设，而且凡有空地都加了凳子，更有不少人站着听，这种盛况是很少见的。一声"刘升，带呀路！"随着小锣孟小冬饰刘世昌出场了。一阵喝彩过后，竟自鸦雀无声，台下都在屏息凝神，就连绣花针坠地恐怕也能听得清晰。有人说这出戏没什么做表，全以唱功取胜。其实没有完全说对，怎么没有做表？在喝酒中毒以后，刘世昌应隔着桌子前空翻落地，我担心她来不了，可能拖泥带水，因为穿着褶子，带了髯口，而且又穿着厚底靴子，不太容易搞好。有些人偷懒，往往身子横在桌上一滚，表示一下就算了。却不想她认真地用手一按桌子，正面翻了过来，干净利落，非常漂亮，于是又博得全场彩声。接着还有"甩发"、"硬僵尸"倒地，俱见功夫。汉口的戏迷被征服了！要知道这还是未成年的小姑娘呀！可以想见，平时在练功时不知吃过多少苦头。至于这出戏的唱功，也是没挑的，特别以正宫调唱大段[反二黄]，小东嗓子从头至尾润亮有余，一气呵成，真使观众听得如痴如醉，称心满意。孙老元的琴又是那么严丝合缝，水乳相融，实在太好了。我向四周一看，全场有一半人在摇头晃脑，附近的几位连眼睛都闭上了，真个是韵味无穷。剧场内的喝彩声此起彼伏，小冬老元几乎各占一半。这一场戏留给我的印象太深了，真是终生难忘。这情形就连余叔岩都没有过。[1]

不仅观众为之疯狂，连同行都被她的夺目彩光所震惊。彼时汉口有一位宗汪派文武老生的艺人也正在演出，名为小兰英，曾被冠以"坤伶老生大王"的名号。她育有两位女儿，姚玉兰、姚玉英，亲得她的培养，也都各自成才。两位女儿都是多面手，生、旦、净文武全才，很多群戏的剧目就由她们母女仨包了。

这就是血缘，这也正是宿命。我们无法选择自己的出生，却在那悠悠五千年里，难以抉择自己的人生和梦想。宿命就是菱花镜里对空年，一片丹心素手也画不成，香君的贞节却花光了李贞慧下半生所有爱恨纠葛；宿命就是杜丽娘

---

[1] 引自《梨园冬皇——孟小冬传》，徐锦文著。

梦中碰见了柳梦梅，柳梦梅拾取了杜丽娘的小像，而所有的故事不在梅边在柳边；宿命就是杨玉环只能命丧马嵬坡，一朝红颜空死处，成全了明皇成全了大唐，也成全她永远停留在回眸一笑百媚生的风华绝代。

姚玉兰听闻旁人常言道孟小冬如何了得，更有孙老元的琴声作陪，如虎添翼，说的她心里痒痒，她和小冬戏路相近，便决定亲自去品鉴观摩。没想到小冬的戏艺的确了得，让姚玉兰放下自己的戏不演，向母亲告假半月有余，天天去看小冬的戏，沉浸其

姚玉兰

中不可自拔。后来姚玉兰托人介绍两人相识，没想到二人戏路相近，性格相合，竟是越聊越投机，欢喜之心渐长，一见如故，竟然义结金兰，成为了异姓姐妹。

如何能逃出这宿命的局？是谁在小冬的命理的空白处写下脂批，一笔一画都逃不开罗衣织情网，一生一世的姻缘孽债在红尘游荡，多少个转身多少个擦肩最终都走到了同一个地方，无法泅渡的苍茫海洋，将一颗心圈禁在这梦隅一方，再多的春光明媚都无法抵挡。

此时的一对异姓姐妹，岂能料到她们俩的萍聚竟变成那了却残年的互相依偎，数十年之后，所剩无几的余生温暖在彼此恬静安然、浑然天成的胸襟与气度中。如何倾述？日月如梭，朝夕相对。就算屋外寒冬冰凝不化，互相面对的仿佛是临水照镜，熟悉的情感只会带来经年的温暖。

姚玉兰的妹妹玉英英年早逝。她们倔强好胜的母亲小兰英，因为女儿婚事不如意，竟独自一人抛弃过往前往普陀山削发为尼，终生再无消息。姚玉兰后来被杜月笙娶作第四房姨太太，改名姚谷香，经她撮合，孟小冬在多年后

嫁与杜月笙成为第五房姨太太。这对金兰姐妹，在漫长的余生，都委身于同一位男子。

孟小冬的汉口之行大获成功，不仅戏迷追捧，媒体夸扬，连同行都赞不绝口，更是收获了姚玉兰这位金兰姐妹，终其一生都和她有着千丝万缕的关系。

在汉口演出前后缱绻近半年时光，孟小冬得到了孙老元的精心指点，他毕竟为谭鑫培、余叔岩等人操过琴，满腹谭腔、余腔的故事，小冬毕恭毕敬地请教，孙老元也认认真真倾囊相授。小冬冰雪聪明，勤奋好学，每一字句都一丝不苟地练习，让仇月祥和孙老元都备感欣慰。然而孙老元却对小冬说："我给你说谭腔没有问题，但要想在谭艺方面有所发展，既不能再回到上海共舞台或大世界那里去唱连台本戏，也不必乱跑杭、嘉、湖或者南洋新、马、菲一类的小码头，应该进京深造，那里才是京戏的大窝子，有的是高人。"[1]

小冬听闻要前往北京深造，心中十分欢喜。哪一位京戏艺人不喜欢北京呢？对他们而言，若得不到北方观众的认可，即使名气再大，也有"野路子"之嫌。当时有一句话流传甚广"情愿在北数十吊一天，不愿沪上数千元一月。"[2]

就这样，孟小冬决定北上京城，没想到她的亲朋好友都对此深表赞同，孟五爷表示他年纪大了也唱不动了，待小冬去往北京站稳脚跟，他便一同前去。孟六爷则将她介绍给当红武生白玉昆。白玉昆欲辞班北上，离开上海，正在招兵买马，见熟人孟六爷介绍的内侄女孟小冬说要同往，还是名动一时的坤生，自然高兴异常。在几个月的准备筹划之后，1923年的寒冬，小冬和师傅仇月祥、琴师孙佐臣以及族弟孟小帆跟随白玉昆一班人，于一个寒风凛冽的清晨，和繁华的大上海告别，沿着津浦铁路一路北上，前往梦中人呢喃的那个名字——北京。

北京风帘翠幕的烟波画船，带给了小冬无尽的青春，而这青春，却在强自执着之中，化为泡影。生与死，爱与恨的执迷错足，将一脉京华烟云都凝结在

---

[1] 引自《梨园冬皇——孟小冬传》，徐锦文著。
[2] 引自《梅兰芳孟小冬——一段错爱的绝世情缘》，史栽梅著。

阴霾的长巷中。在第一株桃花飘零的季节，静听青石板上归人路过的声音，铺天盖地的哀伤将人湮没吞噬。

第四折　一鸣冠盖满京华

我们在找寻应许之地的路上，会徘徊多少上穷碧落下黄泉的漫漫长夜？又会辗转多少千山暮云，万里江山？如果在最干净的初始，便听从心灵的呼唤，明白我们将要去向的地方，是否可以省略为春光牡丹的朝生暮死所惊动的心事，免去因初夏之苏醒而迷离朦胧的泪眼。可是这样，是否也会错过许多银烛秋光冷画屏下的萧萧落叶声，遗忘冬日窗旁一捧红梅在雪中替你唤来的波澜不惊？

随缘二字不是被动地接受宿命中的邂逅与分离，而是明白，无论看何种妩媚花色，踟蹰于何种沉静树影，你身边的野花便是最美丽的陪伴；无论此时是阳光散落于指尖，还是暴雨倾泻无处遮挡，心中的一方晴雨才是最安稳的天气；无论是执手相看泪眼，还是桃花依旧笑春风，接受此时此刻的心境与遭遇，才是最好的表情。毕竟一轮冰月弯弯，照耀九州大地，总归有几家欢乐也有几家愁。

孟小冬跟随白玉昆戏班一路北上，在寒冬季节，她看见了如何的萧瑟风光？是日暮苍山远，还是积雪浮云端？是霜杀萋萋草，还是日暖漠漠沙？小冬此时不再是懵懂少女，开始明白，这寂寞的风景，就要伴随自己的一生了，燕山雪花大如席，一片一片砸在她深深的心底。

孟小冬满腹才华，兼有仙人之姿，和男人的学富五车、权势滔天一样，便是满心的底气，似乎看什么事情都挺直了肩腰。可是我们如同终生生活在汪洋之中的鱼儿一样，又对如水的宿命知道多少呢？能够掌握的，不过是一颗无人问津的真心，而这也许是最不值钱的东西。所以小冬，从来没有掌控全局的力量。

不知何种原因，白玉昆一行并没有直接到达天津，而是接了活儿，在山东济南府公演了数月之久。古时候所有繁荣的城镇都在交通要道，没有迁徙来往之便利，便没有指点江山的豪情万丈。那些辘轳车马，承载几千年华夏大地的繁衍生息，那些阡陌交通，眼见多少王朝兴亡，百姓流离。济南府，正处在津浦铁路和胶济铁路的交点，来往商贾众多，一派祥和富饶的景象。

芙蓉满城逢趵突，平地涌出白玉壶；佳人倾城大明湖，冰雪满怀清与孤。济南泉城相传寻常百姓家都是"家家泉水、户户垂杨"，在月明星稀的夜晚，冰轮暮上柳梢头，将万点清辉洒向满城的汩汩清泉之上，闪烁着迷人眼的流萤，似乎有环佩叮当的清脆声响，敲打着无眠之人对月抒怀的心房。

济南府也是京剧演出的重要码头之一，可是无论在哪里，总没有一处地方属于她。闯入他人的地盘，总归有许多想不到的意外让她胆战心惊。门前洛阳道，门里桃花落，尘土与烟霞，其间十余步。你以为身在处处怜芳草的盛春，却不知月夜伸出冰冷的手掌，一树落花止不住。

时年正是尘埃滚滚的军阀混战之际，大军阀张宗昌便扎根在济南府。张宗昌嗜赌成性，人称"狗肉将军"，便是当地人称玩牌九为"吃狗肉"之故。又因为人高马大，所以被称为"长腿将军"，时任山东督办，总揽一省军政大权。他一生轶事颇多，比如他被人唤为"三不知将军"，起因是张作霖某次问张宗昌兵力军饷有关事宜，发现张宗昌不知道他在山东有多少钱银，不知道他手下有多少兵，张作霖心中生气又不好发作，便玩笑般问道那你总应知道自己有多少娇妻美妾吧？谁知张宗昌颇不自在地回答道，他根本不知道自己有多少姨太太。传为一时笑谈。①

---

① 引自《张宗昌全传》，苏全有著。

虽说是笑谈，其中暗藏的深意悲伤不堪。张宗昌路遇合乎心意的女子，便会强行纳娶，不管是清白民女，抑或青楼艺妓，都被收在他的"后宫"之中。那些女子，在生命的起初，总有一对父母当她是掌心中的宝贝抚养成人。不管后世多少风尘多少困苦，如今都清丽国色，倾倒众生，正是最美好的年华，看见一树桃花绽放便会脸红心跳，幻想良人是否会撑着一把油纸伞站在乱红如雨下，向她伸出普度众生的手，宽厚而温暖。她们绝对想不到只因在某个时辰的微微一笑，便会被大字不识、荒淫无度的一介武夫强掳到家中，成为他的姨太太，而且从来不曾被他记住过名字。

张宗昌除了贪财好色，也颇喜欢曲艺皮黄，十分欣赏余叔岩的戏艺，有时会派人专程将余叔岩从北京接到济南，陪他抽烟打牌。很多在泉城献唱的艺人为了立足，便会在张府唱堂会戏，有名的武生李万春还曾拜张宗昌为干爹。这一次张宗昌听手下人说济南庆商茶园有一位上海来的小姑娘，唱老生很有味道，长得更是清秀俊俏，花容月貌。他听闻之后十分高兴，立即前去听小冬的戏，一听之下，果然名不虚传，之后便天天为她捧场，送花篮、做锦旗。这样仍嫌不过瘾，连着几个下午都将小冬请到张昌宗官邸唱堂会。

十七岁的小冬亭亭玉立，并无浓妆艳抹，却有一股清水出芙蓉的秀丽，就算一身男装打扮，都遮掩不了满溢出来的天生丽质。张昌宗被她迷得神魂颠倒，馋涎欲滴，更加百般讨好。张昌宗的种种举动让小冬的师傅和同伶们万分担心，他们的天下来去都不由自己，如何能与坐拥兵马粮草的"狗肉将军"相抗衡呢？万一小冬落入他手，一辈子不就断送在了济南城。

命运不知在何时会有峰回路转，柳暗花明。第二次直奉战争即将爆发，张作霖急召张宗昌火速北上一同商讨战事，"狗肉将军"不敢有误，只得眼睁睁放了小冬远去，再也没有相见的机会。孟小冬脱离魔掌，如释重负，大家也深深舒了一口气。

多少漂泊辗转都负于烟波浩渺。白玉昆带着小冬等人终于在春暖花开的季节，来到了北方重镇，天津市。天津是大型水陆码头，文人荟萃，名角儿众多，观众的鉴赏水平颇高，对演员的唱腔做派要求很高，没有一点功底的伶人轻易不敢到天津码头混迹。京剧虽说在京城发源，名角儿们却都要在天津唱红，才能走向全国，这成了一条约定俗成的"行规"。当时在梨园界有句俗话，便是"北京学艺，天津唱红，上海赚包银"，充分说明了三个城市的地位。

孟小冬与白玉昆等一起，受邀在日租界新民大戏院唱戏，时间不长，却颇受好评。比如天津谭派名票王君直老先生一见小冬，惊为天人，感慨绝才难得，以花甲之年，常到小冬下榻的酒店给她说戏指点。由此可见一二。

小冬那时有着晕染了胭脂的青春，楚腰纤细，吴盐胜雪，水光山色都被她一双沉静的瞳眸敛收，透露出不食人间烟火的味道。如此美貌，吸引了一大批不是京剧票友的青年学生追捧，买她的小像藏夹在书中，日夜念叨她的新剧。这大概是小冬一生最美好的时光，她最美丽的样子被人如此妥善安放，小心保管，可以抵御住无尽延绵的时光。纵然伊人远去，却有旧时衣裳，清风过处尚留余香。彼时的书本已被风霜侵蚀成碎纸张张，其中珍藏的美人小像，却依然在红尘之外微笑，不知今昔是何夕，安静无伤。岁月凝滞，只有凉风缓慢拂过，画像在飞舞的尘埃中，轻轻摇晃。

民国十四年，也就是1925年，17岁的小冬跟着师傅来到了一代国剧的发源地——北平。这里有夕阳万金波光潋滟，染了多少闺怨愁绪，这里有山脉纵横青翠欲滴，留下多少年少行迹，年来更识荒寒味，写到湖山总寂寥。这里有朝晖夕阴的气象万千，这里有浩浩汤汤的横无际涯，这里有十年一觉的春色绮梦，这里有红尘颠倒的水墨青花，红了樱桃，绿了芭蕉，风又飘飘，雨也潇潇。

北平的梨园界有个不成文的规矩，外来的艺人想要在北平登台演出，一定要在北平再拜一次师，学一次艺，才能取得"正宗"的梨园公会的资格，方可唱响北平。也许是北平的梨园自认归宗，他处的扫雪煎茶不过是雪污劣茶，自己的青玉盏内一枝碧螺方傲寒春。许多艺人来到此处拜大师为师，不是为了学到真功夫，仅仅为一个"名分"，便可搭班演艺，赚取包银。天下熙熙，皆为利来；天下攘攘，皆为利往。

可是小冬不是这样。她一生待艺术如奇珍，纵然无人看顾，也会用掌心的温度将它仔细擦拭捂暖，空茫的夜色下透露出温润的光芒，随身携带，走过千劫万难的爱，看遍悲欢离合的景，隔着薄纱也可以感到它传来的有力脉搏，支撑早已涣散的决心。

孟小冬来到北平之后，再次拜老生陈秀华为师，在唱戏演出的闲暇时光，经常向老师请教余派艺术的字眼唱腔，给老师的月规也从未落下。你用多少真情作引，便可换得多少真意一片冰心。老师对小冬颇为欣赏，指导时一丝不苟，小冬也求学若渴，进步神速。

天赋二字尤为传神，可望而不可即的那些冰雪聪明，犹如神赐，只能够上天赋予。天道酬勤四个字也不过是说焚膏继晷的勤学苦练之后，命运看不过去我们如此努力，夜来巾上泪，一半是春冰，便小小地回报一捧凉火，安慰寂冷的心灵。而那些天之骄子，早在红尘轮回之前，便已得到这份幸运。小冬该如何庆幸，她在曲艺上的天赋，他人远不可即，无论什么唱腔招式皆是一点就透，模仿得惟妙惟肖。如说她挥霍了时光挥霍了才华，凡人也许会有一丝平衡，可她偏偏比所有人都要努力。站在荒野中像一棵树苗，伸出无数的枝桠和根结吸收力所能及的每一米阳光，每一丝微风还有那每一滴雨露，最终以傲睨天下的姿态，冷眼看着这个世界。

京城的初夏有着微风绵绵的絮语，带来远方湿润的消息。间或几声蝉鸣，让人们在凉如水的天阶夜色之中，挥舞轻罗织就的小扇，互相追逐着去扑那点点流萤。这年的六月，前门外大栅栏的三庆园，门前车水马龙，人头攒动，门口的海报上贴出"本院特聘名震中国坤伶须生泰斗孟小冬在本院献技。"的广告，剧院门口两侧摆满各界人士敬献的鲜花，连袁世凯的二公子，京城书画公子袁克文也书赠"玉貌珠吭"匾额一幅，高悬在舞台一侧。

原来这便是小冬在京城的打炮戏，全本《探母回令》，也就是《四郎探母》，孟小冬饰演杨四郎，而坤伶赵碧云扮演铁镜公主。隔日有评论说，"坐宫"一场最见精彩，因为扮相好，台风漂亮，一出场即彩声四起，掌声雷鸣，颇极一时之盛。小冬扮相端庄,而好在处处有神气,唱则咬字正确,而好在字字有劲。"过关"时,下马架子极好。"见母"一场,三拜神气亦佳。"回令"一场,三个屁股坐子的身段,干净峭拔,轻巧伶俐,赢得台下一片鼓掌喝彩声。至于她的唱腔,简直美不胜收,嗓子愈唱愈亮,痛快淋漓,令人有余音绕梁,三日不绝之感。总之,孟伶之须生,不惟在坤角中独步,即与现时著名之男伶相颉颃,亦不见稍逊。①

孟小冬男装照

这一出《四郎探母》一炮而红,孟小冬借此戏在京城站稳脚跟,于众多名伶中脱颖而出,红极一时。那时候她的生活紧张而繁忙,京城有名的各大剧院纷纷向她邀约,伸出的橄榄枝让她迷了眼,分身乏术。奈何京城也许缺水,也许缺金,最不缺的就是角儿。君不见东风冷,香远茜裙归。身后的人群如暮云遮眼,于小冬身后追赶。她只能铆足力气向前奔跑,否则刹那间便被暧昧暖香淹没,漂浮在污水之中连自己的面目都模糊不清。白场夜场的赶场演出,让她觉得有些繁重,好在她尚且年轻,精力旺盛,并不觉苦如黄连不得下咽。她的师傅仇月祥负责小冬对外事务,琴师孙佐臣更是陪她吊嗓赶场,闲时辅导做打唱念,尽心尽责,乐此不疲。

小冬在艺术上得此二位老人相助,进步神速。连"长城"和"丽歌"两家唱片公司都慕名前来邀约灌片,于是期孟小冬在"长城"灌了3张(六面)唱片,计有:《捉放曹·行路》一张、《捉放曹·宿店》一张、《珠帘寨》一张(其中"太保传令把队收"一面和"昔日有个三大贤"一面);在"丽歌"灌有《逍

---

① 引自《梨园冬皇——孟小冬传》,徐锦文著。

遥津》（原板）一面、《捉放落店》（原板）一面，为今人留下了不可多得的宝贵丽音。①

唐明皇对杨贵妃喟叹曰"美人韵事，都被你占尽也！"用在小冬身上也颇为传神。看那在帝都的小冬，可不就是美人韵事皆占尽，绝代的风华，纤尘不染的气质，如日中天的名气，都在她一人身上。也许我们只要肯割舍，割舍亲情，割舍欢爱，割舍千回百转的愿景与梦想，便可修行入道。然而无论我们行走多远，终究有一些放不下的东西，比如父母至亲，比如对故乡的眷恋。

小冬和师傅仇月祥看此时她已在京城站稳脚跟，收入颇丰，也攒了一些余钱，便商量将孟五爷一家接来北京团圆，互相体恤照顾。有什么能比子女的出息和孝敬更让人激动？那是用尽十年哺育，十年教导才换来的血缘之蒂，希望之光。孟五爷夫妇接到消息后十分高兴，二人身体不好又要抚养三位年幼的孩子，已是捉襟见肘，全赖小冬不时接济。五爷本是生在宛平人士，如今也算落叶归根，便带着夫人和三位孩子坐上开往北平的列车。

小冬在京城学艺演出时，已于东堂子胡同寻得一座古老的四合院租赁下来，平常只和师傅仇月祥二人居住，颇觉宽敞。可是父母弟妹五人一来，加上烧饭做菜的老妈子和看家顾院的男佣，便顿显局促。念及此处，小冬托母舅张桂芬在北京东四牌楼三条觅得一处房子，同父母亲商量，盘了下来。一月以后全家搬迁至东四三条25-26号院，从此，小冬一家便安顿在了北平，除了小冬，一生盘桓于此。

时隔半个多世纪，当年孟小冬所居住的东四三条，现今发生了很大的变化，原来25号，现改为65号，原26号门洞已用青砖堆砌堵死。如今，住在这里的人们满足于现今的现世安稳，岁月静好，奔跑玩耍的儿童天真明媚，毫无烦恼。他们不会知道，也不想知道，在遥远的年代，这屋檐下花园里的站立过的绝世佳人，发生过的缠绵故事。这些经年的记忆，只有默默不语的大树和微风，替我们讲述。

---

① 引自《梨园冬皇——孟小冬传》，徐锦文著。

第三本
爱是无限心事与谁说

第一折　此曲只应天上有

　　大千世界里，最广为流传的，皆是与爱情有关的诗句。很多人不知诗经是何时之歌，却心心念念要找到一个人，执子之手，与子偕老。有的人不知《白头吟》背后凄婉的相如文君的故事，却憧憬着"愿得一心人，白首不相离"。

　　只不过，这些句子后面蕴藏的重量不是谁都能够理解，谁都能够承受的。不仅是生死挈阔的生命之重，也不全是那天地合乃敢于君诀的信念之重。爱本身的重量，就如万钧让众生陷于泥沼之中，毕生寻找挣扎解脱的缘由。

　　缘分到来之前，我们幻想它的模样，如同雾里看花，怎么也辨不明那份相思。人生最近的迷局就是你永远不知道，下一秒到来的是什么。一顿无心的晚饭，可能带来一辈子命定的缘分。一刹那的思绪纷乱，却让此生擦肩而过。

　　缘生缘灭，本身就如同草荣草枯。荣枯知春心，聚散无留意。仅仅是随缘而已。最不能强求的，就是缘份。你不能争夺，不可把握，唯有静静地守候与等待。

　　我们的生命里，不断有人来了又去。我们也在别人的梦境里，去了又还。都是打扰，都是隐忍，都是随心所欲，都是稍纵即逝。快乐刚刚开始，悲歌早已潜伏。这些早已注定的离别，死亡，怨恨，心碎，如同埋伏在欢乐的角落里的黑暗，不时冒出一丝冰冷的气息。我们终将老去，我们终将体验这看得见的，看不见的悲欢离合。

无论说多少次孟小冬，绝对绕不过去的那个坎，梅兰芳。

你一念之差，我情动一场。付出了一生的执念，换不来你的倾心相对。我只能仍由自己沉沦，回报风起云涌的曾经。

他们的缘分又该如何说起。

我想也许是从那张戏单开始吧。彼时只有豆蔻年华的孟小冬，艺名还叫做孟筱冬，在上海大世界演出。那一张戏单，小冬的名字在最下方，小小的，并不引人瞩目。在她名字的上方，便是斗大的三个字"梅兰芳"。年约二十五的梅兰芳，风华正茂，正是炉火纯青的顶峰时刻，梅派艺术醇厚流丽，独具一格。那时的他们，并不知道这相隔不远的两个名字，在日后会一起经历风雨，经历悲伤与失望。

世间所有的相遇都是久别重逢。要说第一声问候，却是发生在京城第一舞台那拥挤狭小的后台。那是一场盛大的义演，梅兰芳与杨小楼合演大轴《霸王别姬》，余叔岩与尚小云是压轴《打渔杀家》，年纪轻轻的孟小冬与裘桂仙合作的《上天台》排倒数第三。此时的孟小冬已是名震京城，家喻户晓的坤伶，戏码还排在了马连良、荀慧生之后。

小冬的演出中气十足，引人注目，唱腔行云流水，作态毫无凝滞，不愧是当红女老生。一曲唱罢，毫无疲态，仍然是神采奕奕。小冬正在师傅的带领下在后台换衣卸妆，忽然听见人群中传来了喧哗躁动，远远望见人群簇拥中的儒雅男子，一袭笔挺的暗色西装，星目剑眉，风流潇洒，再也不能忘怀。

这位男子便是大名鼎鼎的梅兰芳。他微笑着走向自己的化妆间，也瞧见了身边这位脸上仍有油彩的女老生，也许两个人互相点了下头，也许什么话都没说。那时的后台，嘈杂而凌乱，舞台帮工、伶人以及助手们大声叫嚷的声音不绝于耳，行头道具、油彩霞帔散落一地。然而眼神交汇的刹那，仿佛一切都静止了，初见时的美丽，便在彼此心间留下了印迹。

"于千万人之中，遇见你所遇见的人。于千万年之中，时间无涯的荒野里，没有早一步，也没有迟一步。"我们无法分辨他们是否想遇在恰当的时机里，毕竟小冬涉世未深，而梅兰芳已有两房妻室。却无法否认所有的相遇都是命中注定，每个人的出现都有意义。

此时北京电灯公司总办冯公度是京城名流，一生喜书法、诗词和金石钟鼎收藏，为民国时期金石大家。如今台北故宫博物院的镇院之宝西周毛公鼎，便是当年冯公度与叶恭绰等人筹款救下。

1925年的8月23日，是冯母八十大寿的好日子。彼时盛行办"堂会"，即达官贵人或富豪人家，婚庆寿喜之际，将坊间名伶请到家中或者预定的饭庄酒店，临时搭台演唱，以此招待宾客，欢庆一堂。为了互相攀比，堂会所花的银钱越来越多，而能够延请梅兰芳等著名演员到场，也成了一种挣面子的事。

冯公度家中高堂八十大寿，自然要举行一场盛大的堂会。特邀请了戏剧界颇有名望的几位名伶出演。大轴排定是梅兰芳、余叔岩合演的《四郎探母》，姚玉英饰演萧太后，龚云甫饰演佘太君，鲍吉祥为杨六郎，真可谓是群星荟萃，济济一堂。不料离开演还有一周的时间，余叔岩突然推说因病不能出演，让主人家及戏台提度名青衣王琴侬都慌了神。

余叔岩身体也的确微有不适，但主要的原因是对包银有意见。此戏为老生重头戏，却因为演青衣的是梅兰芳，让公主挂了头牌，已让他颇有微词，加之两人包银相差一倍有余，更是心有不甘，便想以此方式增加包银数额。主人家遍寻名角儿，无奈全不得空，正是焦头烂额之际，有人提议开明戏院的坤角老生孟小冬扮相华美，气均韵长，颇有些看头，何不请她一试？

众人都有些踟蹰，孟小冬只不过一介初出茅庐的黄毛丫头，如何能与大名鼎鼎的梅兰芳相提并论？此种戏码都是常开老戏，照例并不事先排演，全部都是"台上见"，万一有个什么闪失，那可如何是好？

这时，堂会主人家沉吟许久定了意见，轻声说不妨试试看小冬，可以事先对对戏嘛。也许他没有想到，也许只是一念兴起的轻声话语，搭起了孟小冬和梅兰芳之间缘分的最后一块砖石，让所有人都无法往回走。

翌日，小冬在仇月祥师傅的带领下，来到中国银行总裁冯耿光的家中赴宴，两人借此机会初识见面，开始吊嗓排戏。冯耿光先生字幼伟，排行第六，人称"冯六爷"，是梅兰芳平生挚友，"梅党"的中坚分子。

孟小冬以为这只是一场如常的堂会演出，一场如常的午宴，窗外阳光如水流淌过活色生香的日子，席间梅先生的脸淡雅温柔，在座的冯耿光、戏剧家齐如山、新闻人张汉举等人都彬彬有礼，对待她一位后生晚辈有着莫大的关怀与包容。多年之后回首往事，这些给她带来了无数伤害的人们，在这一次寻常的

《四郎探母》孟小冬饰演杨四郎

午宴，大家真实的情感都隐藏在欢声笑语之后，让这暗换的流年蒙上了一层温暖的光芒，不问花开几许，只问浅笑安然。

出席这次宴会的，大多是梅党（即梅兰芳的超级粉丝、挚友及智囊团等人）的核心人物，他们对温婉有仪、进退有度的小冬赞不绝口。看小冬及师傅都有些忐忑不安，齐如山等人宽慰他们道："仇老板请放心！梅老板一向提拔年轻人。孟小姐的戏我听过，念唱都有味，身上也潇洒大方，只是配演的旦角都很差。今天由畹华担纲，二位珠联璧合，一定大获成功。"[1]

众人纷纷附和，让彼时尚年少的小冬有些不好意思。她的惊艳绝才，她的少年天分，被人这样指名道姓地说出来，颇觉奇怪。殊不知几位先生除了给她

---

[1] 引自《梨园冬皇——孟小冬传》，徐锦文著。

打气，也是在安慰对这场戏尚且没有底的自己。

饭后稍事休息，大家来到冯宅的大客厅，看二人对戏。《四郎探母》是一出经唱不衰的老戏，到底什么才是最无法抛弃？割舍不掉的亲情还是日夜的相伴相依？有多少漫天的黄沙，就有多少干涸的血痂，失去了多少被放逐的天涯，才换来一寸土地和一丛野花？那已是一千年前的北宋年间，那时不会有你，也不会有我，却有着恍如隔世的万里沧桑，至今在神州大地上流转。

杨家一门英烈为抵抗北方少数民族的南侵，全家男女老少齐上阵。忠君救主无苦累，金沙滩一役不如归，当知天命难违，七子去，六子回。《坐宫》一折中的杨四郎凄苦地吟唱：某大哥替宋王席前殉难；某二哥短箭下死得惨然；某三哥被马踏尸如泥烂；某五弟弃红尘削发深山；某六弟掌帅印三关征战；某七弟被潘洪射死高竿。① 而他自己失手被擒，把姓名改换，娶了那辽国凤鸾，十五年独居在异国番邦。

当知天命难违，七子同去，却只有六郎独回。可这真的是天命吗？将士到底是为了什么将家国保卫？不是看那端坐金銮的天子无为，不是为了鬼胎心怀的奸臣欺昧，而是为了保住大好河山的硕果累累。十五年后，萧天佐率领众人沙场征战，佘太君押解粮草来到此地北番，杨六郎唯愿前往宋营悄悄探看，十五年未见母亲如今是否安康？想起老母便肝肠寸断，却无法获得令箭焉能出关？他独坐皇宫只有一声长叹。

第一幕《坐宫》便是有名的生旦对儿戏，虽然此时舞台上依旧明令禁止男女同演，在堂会上却可以放宽限制。小冬及梅兰芳都身着便装，却是冰肌玉骨的18岁女伶孟小冬饰演丈夫杨六郎，温婉多情的铁镜公主却是已过而立之年的梅兰芳。阴阳颠倒的红尘交错，是否铸就成之后携手也走不过的天涯？

铁镜公主看驸马爷近几日愁眉不展，询问他心思几次三番，杨六郎一心想获准出关，便向公主述说了衷肠。他本不是木易儿郎，却是那杨延辉将姓名都变换。公主如雷轰顶全身冷汗，却依然对他忠心不改胸襟坦然，毅然为其骗取

---

① 引自《京剧剧本恶虎村斩经堂四郎探母连环套》，《戏剧艺术》、《上海戏剧》。

令箭助他探母再回还。

　　千年一晃而过，太阳每天都是新的，人世间却依然重复着相同的故事。男子为了家国抱负舍生取义从不感伤，身边的爱恨冷暖都换做了兵戈戎马去往征战沙场；女子恋上了爱情中自己的模样，将一份感情小心翼翼地珍藏，放弃了悲欢离合外天地的无限宽广，借一双翅膀却依然飞不过沧海的浩瀚泱泱。

　　这不就是小冬和梅兰芳之后的故事吗？两人珠联璧合，举世无双，不在一起似乎成了对不起人间的错误。可惜国色天香的"铁镜公主"日后为了很多说得出说不出的原因，放弃了英俊潇洒的"杨四郎"。原来有时候，在一起，同样是一个错误。彼此生命中会硬生生被割去一个人的形状，再无法长出新鲜的血肉，疼痛，也苍老。

孟小冬反串铁镜公主

　　孟小冬便装的杨四郎缓缓登场，她淡妆素裹，未施脂粉，刘海下清亮的眼睛看不透此时的心情，杨四郎的满面忧愁刻画在这样一位美丽的女子面上，思来有一些吊诡，看起来又无比和谐。也许此时的小冬当自己就是那十五年独居番邦的驸马，也是那忠君爱国的杨家四郎。一句大引"金井锁梧桐，长叹空随一阵风。"便引得了满堂喝彩，小冬年轻飞扬，嗓音高亢，丝毫不带雌音，引得大家交首称赞。接下来她在宫院坐定，想起了当年事好不凄惨，一段脍炙人口的西皮慢板"杨延辉坐宫院自思自叹……"在小冬婉转清亮的音色中缓缓张开，交织就成一张用音符绘制的丝网，慢慢将所有听众盖头蒙住，进入那一段缠绵悱恻的家国情事之中——

　　替那国主出战场，血流成河尸骨堆山，杨家众子杀下马鞍，东逃西散。小冬哭喊着唱完"要相逢除非是梦里团圆"后，随着幕后一声"丫头，带路啊"，梅兰芳便装的铁镜公主上场了，虽无行头，演出神色之间依然顾盼生姿，雍容华贵。他唱完第三句"我本当邀驸马消遣游玩"后，右手举起丝帕向内一望，而端坐台上的驸马却是位眉清目秀的绝色佳人，便让人颇觉玩味。

及至两人对唱快板时，你追我逐，小冬在梅大师面前毫不示弱，节奏极快，有地方让梅兰芳也颇有些吃不消，最后只有请得"暂停"，对小冬说："孟小姐，请稍慢些！我们现在的情形，乃是小夫妻的家常谈心，又没有发生争吵，所以对唱的尺寸似乎不宜太快！更不宜抢板唱，你看如何？"[1] 小冬听闻，猛然醒悟，连忙向梅兰芳致歉。那时候的小冬，年轻气盛，天真烂漫，在梅大师面前也毫不露怯，旁若无人地按照自己习惯的尺寸节奏来演唱，只让人感慨长江后浪推前浪。

小冬彼时并不张扬，气派落落大方，骨子里炽热的骄傲依然像水一般溢满出来，那么温暖，而不是千帆过尽之后她的小心谨慎、隐忍委屈。也许这就是成长，用荣辱恩怨换转身遗忘，收敛起周身可以照亮黑夜里孤独树影的光芒，转化成千山万水中收留漂泊的力量，也许这才是人生素手泼墨的华丽篇章。诗酒趁年华，爱恨也无涯。只有在如此热烈如此青春的韶华，才会轻易爱上，再悲痛地放下。也许没什么可遗憾，这就是每个人都会经过的恩怨情仇，都会经历的俗世浮沉，都会经历的成长中的人生。这是小冬的人生，也是我们的人生。

观众见小冬初生牛犊不怕虎，又见梅兰芳对小冬进行谆谆教导，十分逗趣，更有"小夫妻谈家常"，都捉弄般地笑了。之后两人又排演了两三回，一切就绪。是日，冯家堂会如期举行，两人合作的大轴《四郎探母》颇受好评，两人在台上珠联璧合，温婉多情的铁镜公主，悲壮豪情的杨四郎，都成了那晚观众心目中不灭的神话。

小冬和梅兰芳此时只是在不知名的角落，留出一方阡陌给对方，成全了

---

[1] 引自《梨园冬皇——孟小冬传》，徐锦文著。

彼此的神话。一个是阆苑仙葩，一个是美玉无暇。若说没奇缘，今生偏又遇着他；若说有奇缘，如何心事终虚化？一个枉自嗟呀，一个空劳牵挂。一个是水中月，一个是镜中花。

第二折　倾城倾国一双人

每每在深夜孤灯下阅那故纸长卷，便会思索，为何情之一字，最是伤人？如那仓央嘉措的《十诫》中的几句："第一最好不相见，如此便可不相恋。第二最好不相知，如此便可不相思。但曾相见便相知，相见何如不见时。安得与君相决绝，免教生死作相思。"如果从未相遇在西宫南苑的草间莺飞之下，如何会泪垂落叶满阶红不扫？如果未曾在普救寺的花园里多看了你一眼，如何以我书生意气退土匪强兵？如果未曾在墙外道听见你墙里秋千的浅笑，如何会多情被那无情恼？

可是相遇是缘分，相知是宿命，相爱便可度一切苦厄。纵然杜鹃声里斜阳暮，多少楼台烟雨中，浮水森森的郴江仍会一直环绕郴山，为谁流下潇湘去。如同洞庭龙女终究与柳毅重逢于洞房花烛夜，如同李香君与侯方域携手问道栖霞山。半封书信锁住一生痴缠，拿那柳叶也无法拂醒沉睡的容颜。遇见了，就是遇见了，此生再无第二种命运，再也无法回到没有你的曾经。

对完戏的梅兰芳、孟小冬二人应该是惺惺相惜。情缘转折在1926年的五月，时任北洋政府财政总长，兼银行总裁的王克敏过生日，邀请了众多名伶俊彦唱堂会戏。那时的孟小冬光彩夺目、誉满京城，梅兰芳名动天下、惊艳绝伦，自然都在被邀请之列。东风摇曳垂杨线的光景趁着欢天喜地的气氛，再好不过。堂会的戏码其实早已经敲定，酒席上却有人借着酒劲，突发奇想地提议，让孟小冬和梅兰芳合演一出《游龙戏凤》。不知是不是一语成谶，本是大家无心快语，男女之间的情事，真真变成了游龙又戏凤的悲凉故事。

每每想到这个场景，都会有一种浸骨的寒意，就是这么一场生日宴，一份美好的春日光景，一些人无心的话，改变了两个人一生的命运。孟小冬因为梅兰芳才华闲抛，历经悲苦，付出了一个女人最惨痛的代价。而梅兰芳也因了这份感情，终生无法摆脱心中的内疚，一直遥遥相念那个巧目盼兮的小冬。

对生命的敬畏感油然而生。我们不知无心说的一句话，随手做的一件事，会造成多么大的影响。在我们看来只是蝴蝶轻轻扇了扇翅膀，在他人的生命里，却已是惊涛骇浪的变化。谁知那午夜调琴手，引起旁人春闺爱月心？只能小心翼翼如履薄冰，他人触手可及的幸福，不要因我们的无意争春，生生转了个弯，骀荡的暖风醉了千里外的相思雨，却化作一瓢凄风苦雨，过尽飞鸿字字愁。

可是看惯了秋月春风，再无法等闲度。终在山河欲老处释然，原来一切岁月人心，一切鸳鸯瓦冷，一切霜华满地，都是写好的剧本。只不过每个人都是一枚棋子，扮演了那个楔子，生生拉开一场场悲欢离合的红尘缱绻。

那席间有人提议，便有人附和，也有人叫好。小冬和畹华见众人高兴，二话没说，粉墨登场。这又是一出生旦对儿戏，讲究唱做并重。故事情节是那大明正德皇帝朱厚照微服巡民间，在山西大同城郊的小村落和李凤姐游龙戏凤，抢得她回京封妃。这出剧梅兰芳和余派大师余叔岩曾多次合作过，而年仅18岁小冬则仅仅跟随师父仇月祥学过而未曾演出过，现在居然要和梅大师"台上见"，连师傅仇月祥都为之捏把汗。不过那时候戏路一定，只要按照学过的样子不出差错地走下来，问题是不大的。

师傅仇月祥为小冬画好妆，众人一看，活脱脱的一个潇洒皇帝风流天子。因为没有事先排演过，小冬和梅兰芳全部是按照本子上的说词做派一板一眼来演，小冬演的正德皇帝风流倜傥，温文儒雅，梅兰芳扮的村姑李凤姐天真烂漫，婉转多情。两个人配合得天衣无缝，滴水不漏。台下的观众也是阵阵叫好。台上的翩翩公子其实是绝代佳人，而玲珑少女却又是青年才俊，这种错位让人心神荡漾。

正是这种迷离的气氛之下，梅党最重要的成员齐如山当场向冯耿光说："六爷若肯做点好事，就把他们凑成一段美满婚姻，也是人间佳话。"好几个好事之人马上附和。冯耿光虽说没有当场表态，心里也思量着，若是这一对菊坛璧人能够结为秦晋之好，也算是珠联璧合，凤凰于飞了。

梅党是梅兰芳身边超级粉丝、好友以及智囊团等人组成的小团体。他们除了捧梅老板之外，也会做一些负责打理梅家财务、改进梅派唱腔唱词、负责联系操持梅兰芳艺术安排等，类似于现如今的经纪人、粉丝团骨干以及至交好友的综合。梅党对梅派艺术的发扬光大可谓是功不可没。比如其核心成员齐如山，参与排演改进了许多梅派戏目。又比如冯耿光，梅兰芳的所有家产都放在冯家银行里打理。正是有着这样的关系，梅党成员对梅兰芳一方面有着促进作用，在另一方面，梅也受梅党成员的一部分牵制。

我不想过多评价梅党在此事中的所作所为。他们的身份使然，所思量打算都仅仅从梅兰芳的角度来，梅若能够和当红老生孟小冬结为夫妻，必能更加大紫大红，也是梨园一段绝世佳话。这其实无可厚非。只不过，在这个世界上，不是所有的东西都是商品。人不是商品，婚姻不是商品，爱更不是商品。有一些词语无法被交易，诸如梦想，温暖，坚强，爱……它们躲过了纷飞的战火，躲过了骤雨的憔悴，于千万里外款款而来，以己作楫渡我们出那泥沼困厄，焚身化灰暖我们于冰天雪地，才让我们幸存于这浊世之中。这些无法兑换不可忘却的情绪缔造了人间尘埃的百折不挠。折一枝素梅，轻轻浅浅走在小道上，远方模糊的车辙，和着那些温暖的词汇，带领我们一路向前。

爱情不是相亲相爱就可以携手到老。爱情需要的东西太多，比如家庭，比如谅解，比如宽容，比如相处，比如诺言，比如名分。名分多么自然又多么古怪，它让太多女人为之迷恋，为之疯狂，为之做出许许多多常人所不能理解的事情。翻阅古往今来的桃花扇、梅花笺，哪一曲不是为了姻缘名分，而造成千古遗恨。

男人却对此不可思议，一个名分的故事，比不上我们好好在一起。可是普天之下，世间女子莫不渴求一个名分，名分如同尊严，如同保证，如同溺水时能够抓住的最后的稻草，那是她拥有爱的证明，理直气壮站在心爱男子身边的立足石，那是一首赞歌向天下人宣布，他们结为夫妻。虽然也有人能够像伏波娃一样不愿要任何名分，安然陪伴在萨特身边，只是情到深处，一纸婚书成了一张重视的凭证，我是你的妻子，而不是随时可以丢弃的棋子。

说到名分，不得不先说清楚梅兰芳的家事。梅兰芳，名澜，又名鹤鸣，乳名裙姊，字畹华，别署缀玉轩主人，艺名兰芳。祖籍江苏泰州，生于北京的一个梨园世家。他是近代杰出的京昆旦行演员，"四大名旦"之首。

1910年，年仅16岁的梅兰芳与出身于京剧世家的王明华结婚。年少夫妻感情总是不一样，都还是没有长大的孩子，却要被扔到红尘漩涡中挣扎，与一个从未谋面的陌生人共建家庭。从此两个人在彼此的生命里刻下烙印，到地老天荒都无法磨灭。那种第一次遇见要携手一生的人的惊喜，一起达成人生想要的梦想的感动，面对世事无常互相支撑的力量，还有看向对方眼眸中闪烁的星光，都是此生眷恋。可惜这种幻想仅存于人生初见的秋风画扇上，现实的风一吹，便无可奈何地支离破碎了。

梅兰芳和王明华，可算得上神仙眷侣。王明华大梅兰芳两岁，体贴贤惠，精明能干，尽心尽力操持家庭，在生活上照顾梅兰芳无微不至，在事业上助他一臂之力。比如梅兰芳上妆要戴的假发，很多都是王明华在家里梳好了之后，装好由梅兰芳带到后台。王明华的手很巧，经常为梅兰芳改进化妆、发型还有服装，在她的精心帮助下，梅兰芳的扮相越发俊美清丽，事业蒸蒸日上。梅兰芳也一直对王明华敬爱尊重，家里的事情全部放心交给她打理，自己从来不过问，平时对她嘘寒问暖，体贴有加。两人感情和睦，生活幸福稳定。婚后第二年王明华就给梅兰芳生了一个儿子，取名大永。又过了一年，再添了一个乖巧懂事的女儿，乳名五十。汀烟轻冉冉，竹日静晖晖，夫唱妇随，儿女成双，是他们的家乡，亦是他们的天下。

叹一声世事总无常。仿佛有那一双冷酷的眼，在世界尽头注视着一切，总不会仍由我们孤寂无为，也不能忍受鸳鸯双秀的美丽图画。到底有什么是我们自己可以选择，可以掌握的？时光如沙一般流走，离鸟飞过也留不下翅膀的痕迹。我们最能够明白的就是活在当下，现在的每一分每一秒都是珍贵如珠的秘宝，仿佛唯有抓住春庭月的多情，才不会为梦中离人尤照落花。

天有不测风云这句话从来都最触目惊心。似乎只有香烛成泪，寂寞空庭，春风薄情才是真正的人生常态。为了方便照顾梅兰芳，王明华诞下一双儿女之后便做了节育手术，谁曾想一对儿女竟在几年中双双不幸夭折。这件事给王明华的打击可想而知。孩子与母亲的缘分竟然只有这么短，那些十月怀胎辛苦的岁月，日夜哺育的恩情，竟就这样散去了。王明华思念儿女，夜不成眠，日日憔悴，好端端的身子一天天垮下去。梅兰芳经历了丧子之痛，满目山河空念远，落花风雨更伤春，也只能怜取眼前人。他一直用自己的方式支持和关怀着王明华。两个人在无法抵挡的碎梦面前，相持相依，风雨同舟。

虽说笑看红尘浮世烟云过，又有几个人能够完全淡然面对这一切？忘记情感，丢弃名利，所有的纷纷扰扰都一笔勾销。而无法勾销的是每个人身上都背负着的责任。若说世间有条条框框，将营营众生塑造成面目模糊的人偶，那么那些最沉重的枷锁大概就是责任了。反哺父母养育之恩报得三春晖，承担爱人欢笑之任白首不相离，背负后代成长之责望子成巨龙，只要活着，就要承担起想要的不想要的重担，整个世界只有死亡才是最容易不过的彻底解脱。

梅兰芳小时被过继给大伯家，身有兼祧两房的职责（即为自己父母家、大伯家传递香火）。王明华双子逝去，不能生育之后，就算他们俩再情深意切，梅兰芳另立平妻或者妾室传递香火在当时是很正常的事情。1920年，梅兰芳在一场堂会上初遇了福芝芳。那时的福芝芳年方十五，亭亭玉立，给梅兰芳的感觉是"天然妙目，正大仙容"，为人处世又"为人直爽，待人接物有礼节，在舞台上兢兢业业",又是跟着自己早年恩师吴菱仙学青衣,便十分中意。接触一段时间之后,便有纳福芝芳为妻的打算。①

旧时的爱情,对于含娇羞涩,待字闺中的女儿们,仿佛是一段不由己的惊心冒险。无论怀春时有多少对生死挈阔,与子成说的憧憬,多少在天愿做比翼鸟的愿景,多少直教人生死相许的向往,最后都不能自己选择。只能任由周围的男子上门提亲,有哪些人来,哪些人去,一概不得知。如果只是你路过我,我路过你,擦肩而过,一路修行,也就罢了,然而父母对着媒妁点头的那一刹那,一位女子的终身命运也就被如此轻而易举地决定。对于这种决定,我们自己根本就无能为力。如能像李清照遇见赵明诚,夫妇擅朋友之胜,便是天作之合。就算无法拥有共同的志趣爱好,也要像孟光和梁鸿一样举案齐眉。若是遇见了像司马相如那样的薄幸男子,大抵也是没有勇气写下锦水汤汤,与君长诀的句子。最可怕的是如果丈夫如果像贾充一样对待发妻那么残忍,那可真的是孤苦无依,长泪满襟。

1921年,梅兰芳请吴菱仙老师前去说媒,不想福芝芳的母亲并不同意女儿嫁与他人为妾。吴老师细心说明了梅家的情况:梅兰芳同时身兼两房重任,先有一房正妻王明华,可是王氏夫人并不能生育。福母仔细思量之后,和梅家达成一致的条件,即梅兰芳按照兼祧两房的规矩迎娶福芝芳,福芝芳和王明华同等名分,共同打理家事,由福芝芳主理财政。就这样,在1921年的冬天,福芝芳嫁给了梅兰芳。

王明华也深知梅兰芳有延续梅家香火的责任,于是对两人的婚事并无反对,待福芝芳也颇为友善,两人相处甚是融洽。梅兰芳同等对待二人,与福芝芳的新婚之夜,还先到王明华屋内陪着说了会话,直到王明华提出不要让福芝芳等着了,梅兰芳才离开。福芝芳对王明华也是礼待有加,生下第一个孩子之后,便尊母亲指点,叫奶妈把孩子抱到王明华屋,算作是她的孩子。王、福二人姐妹相称,王明华年长为姐,第一个孩子应当属于她名下。孩子在王氏屋中住了

---

① 引自《孟小冬:氍毹上的尘梦》,万伯翱、马思猛著。

一个月。满月那天，王明华把亲手缝制的一顶帽子给孩子戴上，让奶妈把孩子抱回福芝芳屋中。她感谢福芝芳让子的深情厚意，向她道谢，还是希望福芝芳好好照顾这个梅家的宝贝。一来一往莫不是做给他人观看，以抚慰内心的不安。当然对此福芝芳仍极为感动，二人的感情更加融洽。婚后的梅兰芳与福芝芳恩爱非常，他们一生一共诞育了九位孩子，虽然只有四位长大成人，也算得上是子孙福荫了。

如果一切述说就止于此处，这个故事自然美丽动人。似乎一切凡尘都与之不相关，男主人英俊多情，才华横溢，嫡妻温柔贤惠，不仅在事业上帮助夫婿，对待平妻也是和和气气，待人如己。而平妻和煦大气，冰雪聪明，操持整个家庭尽心尽力。可太过美丽就如同虚妄，犹如夜空中飘逝的烟火，惊艳了他人眼眸的绚烂，也变成了匆匆来去的烟尘。这一场璀璨的花事最终了于梅兰芳与孟小冬无法割舍的情事，幸福知多少，你们可都领悟了？

话说之前，梅党成员在席间提议梅孟的婚事，说来这个提议除了两人倾国倾城，珠联璧合之外，就是梅党与福芝芳相处并不算融洽。据传，福芝芳在梅家大权在握，十分强势地控制一切。这让也在某种程度上控制梅兰芳生活的梅党成员十分不喜，便努力撮合梅孟，希望孟小冬的受宠，能够改变福芝芳一人独大的场面。

孟小冬何其不幸！年少懵懂的她，还从未感受过玲珑骰子中入骨的相思，春宴绿酒里绵长的爱情。她的婚姻大事竟然就这样成为了他人手中夺权的一枚棋子。开端设下无穷的伏笔，周围人的蠢蠢欲动，伺机窥探，让这份看起来举世无双的爱情蒙上了一层晦暗的色彩。雨季年华的孟小冬憧憬了无数次的婚姻，仿佛是穿上了别人的嫁衣，古旧破败又不曾合体，凛冽的风从四面八风倒灌而来，寒冷痛苦不堪，寒冷无法抵挡，寒冷无处不在，寒冷却理所应当。棋子浑然不知这无常的命运，仍觉小小的一方棋盘就是全部绚烂的天地。

梅兰芳听梅党建议他娶小冬为妻之后，便觉十分高兴。孟小冬正是浪漫年华，美丽又富有灵气，加上又是难得一见的女老生，二人两次同台，合作默契，似乎心有灵犀。这种同行之间的惺惺相惜，异性之间的神秘吸引，让梅兰芳同意了这门婚事。

再说孟小冬这边，齐如山等二人来到孟府提亲。孟鸿群并不愿意自己的宝贝女儿嫁给梅兰芳，人家已有两房妻室，小冬过去岂不是要做人家的小妾。后来齐如山等人一直强调，梅兰芳身兼两房，小冬嫁过去是做大太太，并不是小妾。王明华是自己家这边的大房，小冬过去就是梅兰芳伯父那一房的正室。因梅兰芳的名气，加上周围朋友的不停劝说，孟鸿群最终答应了这门亲事。

然而小冬自幼交与姨父仇月祥为徒，人身依附，契约尚在，这场婚事必须得到师傅的首肯才可。商定之后，小冬的父母携带一笔钱银，与仇月祥商量，师徒情分八年，现在小冬大了，也要嫁人了，这笔钱是冯耿光托人送来，略表心意，算作缘分一场。

不想在这场婚事里，唯一反对的就是仇月祥师傅。有人说仇师傅不同意是因为会失去孟小冬这棵摇钱树。我不想单纯以恶意揣测他人，但是他不想失去孟小冬这个徒弟倒是真的。八年辛苦，多少寒暑，晨光熹微便带小冬出门练嗓，披星戴月陪她严格地训练，低声下气帮小冬找师傅操琴，体贴入微地照顾她生活起居，四处奔波安排她的演出事宜。虽说严厉起来也会打骂，但打在小冬身上的声响却是未来光辉的回音。八年情分，虽不能说情同父女，仇老师却也是真真心心。

小冬得知师傅反对，非常诧异，不知从何而起的难过如鲠在喉，咽下去苦涩伤人，吐出来委屈矫情。一个女孩，遇见幸福的时候，都想周围的人能够感同身受，站在身后给予支撑和力量。那种力量从大地深处传来，如同滚滚回响的熔岩，轰鸣的，炽热的，无穷无尽，润泽点亮我们纤细绵长的生命，悠悠不可断绝。

孟小冬跑去师傅那里，和他争论。仇老师说你现在正当年华，如日中天，嫁给了梅兰芳，他那样的人家是断断不会允许你再出去唱戏的，这样一来，你的功夫就要落下了啊。大抵所有沉浸在爱河里的女子，都不肯听见他人说那人一个字的不好，似乎否定那个男人，就是否定了自己整场繁华情事。孟小冬也不例外，听见师傅这样说，马上大声反驳，谁说我结婚之后就不唱了？大概正是一种不知从何而来对未来淡淡的恐慌，让她如此顽固地对抗这一语成谶的话。仿佛用尽全身力气就可以赶走不祥的预言，悲惨的命运。

仇师傅恨铁不成钢道："那我再也不管你了，你就等着被男人骗吧。我回上海了，不管你了！"就这样，年少师徒不欢而散。仇月祥一怒之下回去上海，开始倾心指导孟小冬的胞妹孟幼冬。两人分道扬镳，此生再不复见。就算多年之后，孟小冬回到上海，有人跟她说仇师傅穷困潦倒，小冬竟也狠心没有去看望接济。人和人之间的缘分就是如此脆弱，一旦心狠落下，就再也没有修回的可能。

这场情事中的孟小冬自己呢？哪个少女不怀春？我不知道孟小冬最初有无幻想过自己的爱情。但我想，如果有，那人定然是梅兰芳的模样。当一个从来只存在于幻象中的男子，温润宛若古玉微凉，和你在一起搭戏时互相为对方的才华所折服，从遥不可及的天边来到你的眼前，翩翩儒雅，伸着手对你说，你愿意做我的妻子吗？我想，那个年纪的女孩很少会拒绝。在她们的幻想里，这就是最好的爱情。只有当经历了风雨离红尘，影子落人间的悲欢离合之后，才会明白，那生于想象里的爱人，还是只存于想象里最好。一旦他来到了现实，缠缠绕绕，兜兜转转的宿命变迁就将两个人捆绑至世界终结，如何能挣脱红线的扯牵。

小冬并不是不知道梅兰芳有家室。但是齐如山等人说好的"兼祧两房"之礼，梅兰芳个人的魅力，让彼时才18岁的孟小冬没有任何抵抗能力。那时的她并没有沉稳住初见时怒放的心花，也从没想过需要耐得住终老的寂寞。是的，年轻的，相爱的生命，心中每一寸柔软而细嫩的地方都暴露出来，对这个世界伸出无数的触角，感知此刻你来到我面前，只将花笑拈。每一寸肌肤都绽放在春天朦胧的和风中，微笑看着流萤光散梧桐叶，每一卷云朵也带着甜蜜的糯香，日月边也刻着绝对会实现的诺言。

多么美好的时光，多么美好的生命。我不能以那种一场梦醒水无言，爱归离恨天的苍老心绪，来指责十八岁的孟小冬做了一个错误的决定。青春的时光就是用来经历错误的事情，伤透了，痛过了，风又飘飘絮，雨也潇潇错。无论给小冬多少个十八岁，十八岁的孟小冬终究会嫁给梅兰芳，在山重水复之中，繁华笙歌落，如同一个献祭的仪式，完成她的成长，以及她的涅槃。

杜拉斯说的一句话深得很多人的心："爱之于我，不是肌肤之亲，不是一蔬一饭，它是一种不死的欲望，是疲惫生活里的英雄梦想。"爱就是心底你不死的欲望，无论遭遇什么，仍然能像花木一样生长，对光阴和季节有柳暗花明的钟情和执着。爱情像一双素手，剥开我们尘封已久的心，暴露出最柔软的部分，对世间万物的感触比之前要敏锐万分。这依然不够，爱仿若一张轻巧的砂纸，磨炼着暴露出来的芳心，给我们疼爱，给我们伤害，给我们以雕琢。慢慢的，慢慢的，我们终将在这些疼痛与磨难中，获得永恒的宁静与温润。爱给予我们的，其实是成长的力量。我们必须做一些什么，让自己更好，让爱更好，不辜负上天缜密的安排，不枉费前世苦心的经营，不错过后来那一日日的偶然相遇。我们吃过的每一份食物，看过的每一本书，走过的每一寸土地，都有着它的意义。

就这样，这门亲事定了下来。有消息灵通之士，说在1926年秋天，梅孟二人专程去天津探望正在疗养的王明华，征得了她的同意。王明华看见小冬美貌动人，知情达理，和梅兰芳情投意合，很是满意，将祖传的一枚戒指也赠予了孟小冬。

戴安娜王妃曾经在接受采访的时候说过一句很著名的话："我的婚姻里有三个人，实在是太拥挤了。"这场梅兰芳和孟小冬的婚姻之中，远远不止三个人。梅党的打算，王明华的妥协，还有一位毫不知情的福芝芳。很多事情，是不是永远不知道，才是最幸福的？远离那些背叛、冷落还有说得出说不出的暧昧心思，心中最爱的人也同样最爱着你，心底的每一寸都属于你的梦境，不会有一丝一毫分给其他的女子。干干净净，纯纯粹粹，不知者无罪，不知者无畏。

梅党成员以及梅兰芳都预想到福芝芳会反对。是啊，世间有哪个女子，能够容忍生活五年的丈夫，转身投向其他女人的怀抱？爱情最霸道的地方就在于独占性，不只是一个人苦苦的等待，两个人开心相伴的岁月，而是一句"只和你在一起"的承诺，日日月月，长长久久。

为避开福芝芳的反对，梅党众人的应对方式是"金屋藏娇"。1927年春节过后的正月二十四日，冯耿光的寓所里，梅兰芳与孟小冬举行了婚礼，新房设在冯公馆，出场嘉宾也是梅党众人。热热闹闹一派其乐融融之象：喜今日赤绳系定，珠联璧合；卜他年白头永偕，桂馥兰馨。然而这终究是在不正式的婚房里，一场不正式的婚礼，也就为后来不正式的爱情和婚姻埋下了伏笔。仿若一间看似光鲜亮丽的房屋，外面赞叹净几明窗，藤蔓绕檐，内里却地基尚浅，梁木腐朽，只需一根手指轻倾的力量，就可以将它化为废墟。

然而孟小冬觉得这就是她正式的姻缘。一见一钟情，一梦一往深。如同马路在歌唱，你是我温暖的手套，冰冷的啤酒，带着阳光味道的衬衫，日复一日的梦想。你是我赖以呼吸的空气，你是我渴望已久的晴天……

两人在鸳鸯暖被上同喝那合卺酒，钟摆下散落着一地的金粉红霜。也许梅兰芳对会孟小冬唱着那"富贵似浮云，世事如儿戏，唯愿普天下做夫妻都是咱共你"，可是他似乎忘记了，最后西施与范蠡泛舟渡于烟波袅袅的太湖之上，只是文人墨客希冀的美好想象，西施也许长眠于冰冷的水底。也许他们俩会携手于佛前许愿"在天愿做比翼鸟，在地愿为连理枝"，可是她也似乎错记了，在一起的只是那元始孔升真人和蓬莱仙子，而不是对着花钿独自泪垂的唐明皇与那红颜魂断马嵬坡的杨玉环。

当然，那一个晚上没有谁是真正的赢家。冷月下的福芝芳以为自己夫婿外出忙公事，独自一人在家抚养幼子，她也许会在摇篮边轻轻地哼唱"睡吧，我亲爱的宝贝儿，好好的入睡，我会永远陪在你身边，喜悦和伤悲，不要害怕面对，亲爱我宝贝……"在这万籁俱寂，和风轻送的晚上，她觉得万世太平，和睦美满，没什么比时光更重要。而此时此刻，城市的另一端，她的夫婿与另外一个女人拜了天地,沉浸于另一个鸳鸯梦温柔乡里。这一切,与她没有任何的关系。

就在冯公馆小小的别院里,粉颈低垂、峨眉颦蹙的孟小冬付出了她所有的青春幻想,交予另一个懂她、爱她、怜惜她、长伴她的男人。无论这些人和事今后如何变化,在那一个晚上,空气中只会弥漫着温暖喜悦的气氛,不同生命的交错总是让人欣喜,把酒言欢,不复怜殇。现实的残酷也许需要我们与宿命角力,和绝望肉搏,生生不息的力量正来自于对爱情无法熄灭的幻想,因为我们知道,那些人,那些事,永远只能在梦中出现。

光阴熙熙攘攘,记忆明明灭灭,今天的太阳从东边升起,而后从西边落下。沐浴在阳光下的花儿,盛开又凋零。今天的太阳依然从东边升起,而后由西边落下。人生路边盛开的花儿,却从来都不是昨天的那一朵了。说好了携手一生,相逢于彼此的桃花下。也许三生三世,尘缘相识,无计花间住。现在的此时此刻,桃花的颜色,依旧会宽恕我的罪。

今夜里,都道是人长久,一曲月明好天良夜。

多少事,尽付与离人泪,点点落花绿鬓朱颜。

第三折　良辰美景奈何天

爱在最浓的时候,我们却相隔最远,远到可以看清彼此嘴角的笑纹,眼中的流连,却看不清心中凌乱残缺的记忆,雾中飘散的未来。我们用双手紧握淬落的夕阳,渴望那残留的黄昏唤醒石入波心的年华,涤荡出生命中仅存的东西：一次向来缘浅的邂逅，一段奈何情深的往事，一帘指点江山的激昂，一腔连自己都不知道何时开始何时结束的爱。这些我们赖以傍身的温暖，却在清清冷冷的午后，随着最后一柱沉香，远远地飘走了。仅余如同斋粉的残渣，幽然似我们初遇时的荒芜年华。我希冀在这素时锦年的记忆里，远远地在清风微雨中，看见你昨日的模样。

也许梅兰芳与孟小冬只是爱上了彼此的风景。初爱的他们，炽热如姹紫嫣红的春，温润如云淡风轻的梦，每一个刹那都透出丝丝的甜，仿佛这个世界从来没有过别的味道。是的啊，在青葱苍翠的年华里，所有的故事都让我们全心投入，不欠缺一个时辰的地老天荒，也不遗忘每一刻的风雨兼程，于熙熙攘攘的人流里，多看一眼也望不见那彼刻的欢颜，却成全了自己的绝代华年。

梅兰芳和孟小冬在舞台上阴阳颠倒假夫妻，在台下却是浓情蜜意的真鸳鸯。浓烈的开场，凤愿相随的一路流光，到底把我们都剪成了自己梦境里的模样。那一段鹅影芬芳，承载了滚滚红尘里的几度秋凉？两个恩断义绝之后，梅兰芳是否还能记住他留在空白屏幕上那只黑色的手影？"你在那里做什么啊？"小冬俏皮地问。"我在这里做鹅影呢。"梅兰芳的回答里面似乎包含着无限的宠溺，还有无尽的感情。

我们有时就因这点点细碎幸福，放弃手上所有的筹码，只为赴那一场注定没有结局的赌注，不问天涯梦归路。孟小冬也如此，她如同一只仓皇的小虫，奔向那遥远的光幕，不管是天空还是火烛。新房不在孟家，也不在梅府，而是设在了冯公馆里，她虽然每日呼朋唤友，灯红酒绿，衣食无忧，然而渐渐的，冯公馆那高高围墙锁不住她那颗渴望天地的心，她如同窒息一般地感到无趣。

但凡世间女子，邂逅了爱情的模样，就把安身立命的事业和自我抛却脑后。此时的她们一颗心记挂那梅树下的翩然男子，无处安放自己的刻骨青春，也不再记得璀璨梦想。她们也许认为，牺牲了自己的独立，忘却了自己的姓名，付出自己的生命，才能称之为爱的深沉。

孟小冬则是被迫放弃自己的事业。梅兰芳不许她再外出演戏。冯公馆的禁

孟小冬在"金屋"中

锢让她远离了一切世间的故事,没有外来的交流,没有能够演出的舞台,一切都没有了。压抑让她十分难受。思前想后,她将自己的感受讲给了梅兰芳听。她就那样,定定地看着梅兰芳,一字一句清楚地说,我要回去演戏。

梅兰芳却是无奈"男主外,女主内,你现在自由自在多好。若是出去唱戏,朋友会笑我梅兰芳连自己的太太都养不活,你叫我这脸往哪儿搁?"。① 如同仇月祥师傅预料的一样,孟小冬为了这段感情暂时放弃了自己的艺术生涯。她的命运在猝不及防的爱情之前,生生拐了个弯。也许所有的相遇都是一种命运,但不是所有的承诺都能够永恒。

与此同时,深爱着孟小冬的戏迷、想要这棵摇钱树的戏院老板们都在努力寻找她的下落。一位惊艳绝世的菊坛佳人突然不见了踪影,如同北飞的大雁,随着清风飘去,再无音讯。然而就算冯公馆上下固若金汤,孟小冬被梅兰芳金屋藏娇的消息还是被传递在微风中,传递在人们的闲言碎语之间,慢慢和春天的野花一样,在无人在意的角落,肆意生长。

---

① 引自《梨园冬皇——孟小冬传》,徐锦文著。

为了安全及保密的考虑，梅兰芳和冯总裁商议，决定把"金屋"秘密乔迁，新址离旧屋不远，在靠近长安大戏院的一条小巷里。毫不起眼的胡同中却藏着深宅大院，静静的高墙圈住一方沐浴着烟花阳光的小院，一座两层砖木的小楼，以及一颗无处安放的年轻的心。小冬终日对着无言纠缠的深柳，还有那堵屏蔽了一切俗世目光的青砖高墙。

深宅幽居的时光对年轻活泼如小冬的女子来说，十分难熬。为了不让她感到孤独，梅兰芳特地请了老妈子和相熟的少女给她作伴，购置了留声机，又找来了最新的老生唱片给她打发白日的寂寥时光。

小冬的性子清冷又要强，过着静默冷寂的生活，却依然保持一颗如镜的明心。她从小未受过正规的学校教育，文化上的缺憾让她满满的不甘心。现在戏也不唱了，生活也闲了，便隔出来一间小书房，让梅兰芳添置书籍字帖，画册戏本，又请了一位国学老师，时不时过来教她文学和书法。就这样，小冬每日沐浴着晨光烟霞，临着素窗绿纱前的一剪淡花，安静素然地泼墨作画，叹一曲寒鸦戏水、雁落平沙，就这样在这一方小小的高墙新家，寂然挥霍年华。

梅孟的婚事保密措施做的极好，只有最要好的好友同仁才得知此事。其中就包括了须生泰斗余叔岩。二人婚后不久，便登余门拜访，馈赠喜糖。余叔岩称梅兰芳为兰弟，看见了孟小冬还亲切地叫了一声"弟妹"。其实梅兰芳这次拜访是想为小冬聘请一位老师上门教戏，因为小冬在家里听余的唱片之后十分敬仰，渴望拜余叔岩为师学戏。梅兰芳想请余老师上门教学，毕竟让孟小冬出门学戏冒的风险实在太大。余叔岩念及体虚质弱，一直卧躺在家，授徒已是有心无力，上门为别人说戏更是为他所不齿，便婉拒了这个请求。为不拂梅兰芳的面子，余叔岩推荐了另外一位名伶鲍吉祥先生作教师。

就这样，孟小冬幽居在金屋之中，平日只有几位至交好友和亲人来往，和陌生人几乎没有说话的机会。鲍吉祥先生说说戏教教身段，自己练练嗓翻翻戏文唱词，闲时临写书法字帖，梅兰芳兴起之时还手把手教她绘画梅兰竹菊，或者聊聊梨园故趣，也算是风轻云淡的迷离人间了。

与此同时，梅兰芳依然忙着四处演出，与王凤卿、余叔岩等都有合作。夜戏结束之后，他都是回无量大人胡同的梅府，陪在福芝芳的身边。而到小冬这里，一般都在下午的一两点，午睡片刻便起来吊嗓，再与小冬说说话。

小冬安心地生活在这种畸形的生活中，丝毫不知青墙之外发生的故事。有小报不知从何得来消息，披露出来了两个人的情事，然而消息的传出得到的却是大多数人的将信将疑。是啊，一位是名旦青衣，一位是老生年华，他们俩的情事更像是红尘中的传说，而非世间的爱情。起初不经意的你，和年少不经事的我，想这一切都是人世间的错，或者前世流传的因果。

面对这样的捕风捉影，梅党极力出面"辟谣"。他们登报说那藏着孟小冬的"金屋"，是梅兰芳租给孟小冬居住的，一切谣言，始于此处。这段感情，不被重视、不被光明，这样的小心翼翼，措辞谨慎，让这段感情不能在桃花灿烂处盛开，不能够在悠悠众口中流传，也就在掩饰和谎言中埋下了注定破碎的命运。

人生就如同一场有开场却无终时的戏，情节演员全不由自己，谁会在花开九重的时节相依，又有谁会在沧海退却的刹那别离。我披上那凤冠霞帔，却可能只是别人沾花了灰尘的嫁衣。你将你的眉目掩去，将那些梦也梦不到的相思成疾，永远地掩饰在平淡无奇的年华里。猝不及防的悲欢离合，都写成了闹剧。谁在扮演马良手中的神笔，随手成就的一画，都是红尘阡陌中，无法言说的结局。世间多少恨，却付迷离情。

孟小冬犹自生活在梅兰芳精心为她编织的小笼中，快乐地如同一只金丝雀，才华闲抛在幸福的空气中，仿佛前半生匆匆辛苦的婆娑，就是为了此刻无悔的千般挥霍，那些一针一线，一蔬一菜，一砖一瓦积累的时光，在强加于我们的狂风暴雨前，从来都不堪一击。我们以为深厚的感情会让我们都幸免于难，载我们已过千重山的轻舟无法安然无恙，华丽结实的外表下是无法弥补的百孔千疮。

可叹孟小冬没有在前世宿命中种一树菩提，化解那无法预见也无法化解的泥犁。我得今生果，谁种前世因。也许在她踏入菊坛大门的那一刻就已注定，抛头露面终究会引来无法安放的爱恨情仇，虽说孟五爷为了保护她不许入旦行，然而天生的丽质无法抛弃，随波逐来的眷恋让彼此都变成了人生棋局中受人摆布的黑白棋。她无法静坐在云端，俯瞰凡间烟火，只能被动陷入红尘泥沼之中，看命运如何翻云覆雨。

有一位戏迷李志刚，拜倒在孟小冬的石榴裙下，爱她爱得如痴如醉，时常往孟家跑。孟家人吃开口饭，面对来客只能客客气气，应酬敷衍，未曾想李自顾地认为孟小冬对他有好感，更加热烈如火。活得太过清醒时，我们看淡风花雪月，无法放任自己在人世间纵横荡漾。如若活得十分迷惘，不知自己生于何方，爱于何处，把他人的善意当成恣意索取的资本，于茫茫人海之中只会不停撞岸，最终殃及无辜，粉身碎骨。

小冬嫁给梅兰芳之后，没有向戏迷和剧院知会，就突然辍演。李志刚苦等数日，亦未见露面。他便数次探访她家询问究竟，谁想伊人的情影如同镜花水月一般，再也没见到。如此悠悠转转一个多月，才辗转从一位老戏迷那里听说，孟小冬由冯耿光做媒，嫁给梅兰芳，不出来唱戏啦。

李志刚听闻这一消息，如五雷轰顶，自己心中的女神竟然被他人抢走。这世上所有的事儿是真实的，又不是真实的，信不信全由你心。李志刚万念俱灰，觉得再相逢相爱都是一场无望的梦境，便有了向两位"仇人"寻仇的打算。他花了九牛二虎力气，费时半年多，终于将冯梅二人的住址打听到，时不时在两家门前徘徊观望，暗中等待机会。

爱一旦脱离彼此的界限，去往何方寻找春朝秋夕的安定时光？不爱就放手吧，过分的执意如同一把尖刀，看似是保护我们免于伤害的保证，却最终变成了划伤所有人的利器。何不把那份爱看做门外竹林，远山淡影，不可亲近，却一直在那里，不会倦怠我们的孤寂，也不曾放弃时光的酸辛。

爱而不得的确是世上最深的痛楚，几程山水几城路，一时别离一世误。然而世事无常的爱别离，求不得，才是我们老无所依的背影世故，那些一厢情愿的爱恋，打扰聚散的萍竹，陷入浮浅苍艳的迷途，只收获一片草枯叶黄的生命荒芜，不忘世外寂寞林仙姝，到底意不平那终身误。

1927年9月14日下午，李志刚在无量大人胡同的梅宅附近徘徊，看见了门口有梅的汽车，便十分在意。他到门房求见兰芳却被拒，仍不死心，就在梅宅附近来回不去。当天梅出门赴冯耿光家宴会，李志刚见状，也雇一人力车匆匆尾随而至。

李志刚在冯府门房彬彬有礼地说"我叫李志刚，有急事想找梅老板求助，烦请通报一声。"大家看这位青年西装革履，眉清目秀，怎么也不像是无赖之辈，估计只是有燃眉之急，前来告帮，便纷纷解囊凑了些零钱给他。没想到他仍然坚持要见到梅兰芳本人。

此时宴会已开，梅兰芳并不想见这并不相识的客人，梅的好友、绅士张汉举便在旁自告奋勇地说："那就我出去看看吧。"有时候一念之差，随之而来的便是错步泥沼或是万丈深渊。世事不会给我们喘息的机会，一个故事的结局扣着另一个故事的开始，生命的锁链散发出凄冷的光，远在奈何桥另一端的持链人永远都模糊不清。张汉举永远都想不到他那句带着善意话却催来了黑白无常无穷的恶意。

张来到外面询问李找梅老板有何事。李志刚泣诉道祖父与梅老板有交情，可他老人家逝世三天，却停尸在床，无钱入殓，故欲求见梅老板，乞为资助。张汉举不胜唏嘘，便带着李给他的一封书信入内室，众人看后对这青年无尽同情，便凑了银钱给他。没想到，李志刚一直说不够。这时张汉举觉得此人颇为可疑，便提出要去李家看看情况再给钱。

就这样，散席之后，张汉举与李志刚一同搭车往西城走。深夜的长街闪烁着微弱的灯光，一点荧光仿佛是遥远的忘川河水彼岸招摇的萤火。行人寂寥，街灯下拖着长长的黑影扫过这辆不知开往何方的汽车。

这一场人生行迹匆匆，忍看那无边韶华轻似梦。如若所有结局都了然每个人的心中，我们是否有能力等待幸福抑或痛苦的相逢？如水的阳光遮住了岁月无情的万种，让我们错认生命就是看不尽的秋月春风，步步惊心寸寸别离的苦痛，散落在月落乌啼的漫天霜空，无影无踪。而所有的结局，都隐藏在那前方车灯照不进的朦胧。

这时已是深夜快 11 点，车开到僻静处，李志刚突然凶相毕露，从怀里掏出一支白朗宁手枪，顶住张汉举的胸口，要求把车开回冯府，梅老板抢了他的未婚妻孟小冬，要向梅老板借 5 万元钱。

每每想到这一出，都会有一种不寒而栗的悲凉感。从始至终，李志刚都不是在爱孟小冬，他爱的是他心中永远得不到的幻影和自己早已破烂不堪的生活。就算他认为梅兰芳抢了他的"未婚妻"孟小冬，他的所作所为也只是"找梅老板借贷五万元"，他的爱只值五万元。而他这仅仅五万元的"爱"，从某种意义上间接毁掉了孟小冬的一生。

李持枪挟持张汉举回到冯宅，冯耿光见情形不对便自行翻墙逃出。与此同时，警察也急忙赶到，把冯府包围了个严严实实。一直耗到第二日清晨，大家一直与绑匪讨价还价，后送来 2 万元现钞，李志刚觉得差不多便要张拿着钱与他一起出去。就在张钻进车内的一瞬间，大家觉得已经安全，警察便从四面八方围了过来，不料此举激怒了李志刚，举枪射杀张汉举，自己也身中数枪，气绝身亡。

绵长的叹息，情节为何跌宕到了这里？我们为何而生，又向谁而死？李志刚本就残破软烂的人生也许不值得同情，可是张汉举的无辜性命，梅兰芳的万般清名，孟小冬的美好爱情，都葬送在他人一念之下的致命一击，却毫无复仇的公平。于是张生化为城外一片荒草萋萋，梅伶背负众口铄金，冬皇一世流离，孤苦无依。

如此血案引得全北京城一片哗然，张作霖授意将李志刚枭首示众。然而冯总裁家中遭到敲诈杀人，梅兰芳险遭毒手，种种是非曲折都让大家震惊不已。

整场荼蘼花事了，我们只是向岁月借了一具终究要还的皮囊，这皮囊里装载我们的爱恨冷暖，雨露风霜。碧天如水月如眉，一时的情愫何以奏一曲别念？如果我们的生活里只有那支西厢花月梁，一夜牡丹亭梦伤，也许望不尽千帆过尽的地老天荒，却也不会有午夜梦回时的暗自神伤。没有人能把生命活成秩序井然，纷乱杂扰的世事总迫不及防地打断我们枕着黄粱的美梦一场。

在与世隔绝的小院里，孟小冬犹然过着与平日并无二般的生活，那些因她而起的爱恨情仇、刀光剑影，仿佛远得在另一个星球一样。那些无法抹去的故事与结局，还依然是恼人的尘埃，飘荡在空中。血案过后两天，她才偶然听买菜回来的保姆说起不远的东四九条，有个大学生的头挂在那里示众呢，看的人里三层外三层。孟小冬听闻顿感毛骨悚然，便忙叫她停下。小冬从未往心里去，这事儿也就这样过去了。

可这件血案带给她的不仅仅是一时的毛骨悚然。梅兰芳娶孟小冬，一直瞒着二夫人福芝芳。然而枕边人的一笑一颦如何能瞒过心细如发的女子，如何能瞒过心思缜密，城府颇深的福芝芳。

茫茫人海中只有他浑身散发出温润的光芒，朝我们走来，带来早春三月生命鲜活的气息。一点悸动，几寸欢欣，脉脉不得语的温和与静美，只有他的笑容与爱才能够给予。如此这般的亲人，爱上了另一个女子，我们怎能不知道？上天给了女孩袅娜娉婷的美态，给了女人三寸春晖的母爱，给了女娇对苦痛有着无与伦比的忍耐，这样的她们，在爱情里，却总是溃不成军地惨败。看似赢得男人生前身后爱的女子，骄傲如同俯瞰众生的女王，内心里却也溃烂如脓，日日夜夜被发生在寒碧暮云里、极目楚天外的背叛与分离，啃噬殆尽。

福芝芳一直知道梅兰芳在冯耿光等人的撮合下另筑别屋，迎娶孟小冬。她在半年多时间里一直不动声色，绝口不提此事，在家中安心操持家事，相夫教子，在外配合梅兰芳的各项活动。不知她是活得太过糊涂还是太过清醒。也许她只是觉得不伤害到梅兰芳，一切山河变迁都可相安无事。更大的也许是她一直在等待合适的机会，让孟小冬再无和她竞争的可能，再也夺不去梅兰芳的爱。

她等到了。冯宅血案凶险异常，友人代人受过惨遭横祸，梅兰芳虎口脱险差点殒命。她抓住了这个机会，吵闹不休，诋毁孟小冬，反复述说这一切都是她引起的。其实这一切与孟小冬并无半点关系。可是世事种种，不找出点缘由和因果，总是让我们无法安心相信无常这个词语。她不杀张生，张生却因她而死。大概所有人都这样想着孟小冬。是因为她，挥霍戏迷的注目和爱意，又委身于名气出众的梅大老板，才引发这样的血案。

古往今来，大事小事，国事家事，不幸总交予女性承担责任。是否因为女性的生命里只有美与爱，她只需负责美好与宠爱，就可以不晴不雨安身立命。然而如若过于美好，过于受宠，就是她的错，她不该让六宫粉黛从此毫无颜色，也不该三千宠爱只在她一人。西周的灭亡是因为褒姒的笑容，而不是周幽王的荒淫无道。安史之乱是因为杨玉环的受宠，而不是唐朝的基业将倾。清王朝的覆灭是慈禧太后的祸国殃民，而不是封建制度的落后与腐朽。

孟小冬何其无辜！她并无半点过错，一直安分守己，清歌婉转，做到极致。可仿佛他人爱上自己也是本身的错误。梅兰芳再也无法对福芝芳有所隐瞒，只能好声好气地说尽甜言蜜语，期望平息夫人的怒火，希望福芝芳的怒火如同壁炉里的火苗，看似旺盛炙热只需情深意切就能被温和地安抚。让梅兰芳没想到的是，社会上如星星之火的各种流言四起，添油加醋评头论足的，编造故事为李姓青年鸣不平的，看大名鼎鼎的梅兰芳的笑话的……

梅兰芳是一位极其爱惜自己声名的艺人，诚然，他这种性格为他日后成为中国表演艺术的象征奠定了基础。可是这种爱惜在爱情里，却带了自私冷漠的味道。天下男子莫不是负情薄幸，也许是他们的心太大，留给爱情的地方又太小。满满的情愫，装着家国天下，载了文治武功，还有兄弟情义，哪有可供转身的空间容纳一颗或者几颗女子的心？就算那一方角落能够容纳一腔深情，颠沛流离的时光也会将所有布局都打乱，梅花树下的嫣然一笑、红鸾帐里许下的海誓山盟，都被那纷繁俗世之累，侵蚀殆尽。鸳鸯白头不过是笑话一场，最终梧桐也要半死在清霜后。

家里夫人的泪眼涟涟，屋外满城的风雨潇潇，都让梅兰芳焦头烂额。有人说，看一个人对你有多好，其实无足轻重，谁都有顺心遂意的时候。但是在他起落悲凉的时候，他会怎么样对你？孟小冬还在金屋里静静守候寂寞的长巷，等待那个旅人归来的消息，一起看世间繁华，落日烟霞。然而那位归人的心，已经飘忽不定，一刹那的闪念，就错过了通往偕老的路口，再也回不去念念不忘的曾经。

梅兰芳思前想后，这件事孟小冬并无过错，和她感情尚好，就这样分开于心不忍，然而人言可畏，总去金屋对自己的影响实在不好。他决定既不与孟就此分手，金屋那方保持现状，只不过自己的心还是要安放在梅府本家福芝芳的身上，孟小冬那边少去为好。

虽然梅兰芳还未和孟小冬分手，但是他心底暗暗生长的情愫，已经道出了这段感情无法善终的不归路。他已经放弃了。最残忍的不是他放弃了与孟小冬的感情，而是放弃了感情却没有放她走，让她犹自做着鸳鸯暖梦，自以为两人依然情比金坚，她的浮生一场，依然会处处流连着他的兰芷清芳。

梅大师也许不是故意，他还是用了古往今来，最不堪的一种方式来处理与孟小冬的感情：冷落。天下女子的心都是一块小冰，温暖呵护的时光会将它融化，化成一池春水绕指柔，在爱里获得满身营养的女子，周身都带有明媚的光华，令人醉目神往。然而这一汪小小的心潭，最害怕的就是冰冷的折磨。虽然没有争吵，没有打骂，敏感纤细的神经还是会触探到那颗心已经渐行渐远，再也捂不暖人走之后的一盏茶。

梅兰芳到金屋的时光越来越短，间隔越来越长。最开始两边跑跑，一碗水端平，孟小冬在岁月朦胧之中依然有对爱情的渴望与希冀。而现在梅兰芳经常两周甚至一个月才来看她一次，却依然不公开两人的关系，要小冬继续过这种与世隔绝的金屋生活。他虽然在台上扮演婉转多情的女子，为爱情也曾失意痛哭，骨子里却仍然是大男子心思，无法将心换心地理解，对方虽然是女子，却是独立而自主的人格，她有着与他一样享受生活的希望与权利，而不是终生作为他的爱情，他的生活的附属品。

爱情仿若一杯毒酒，知道投身进去会粉身碎骨，万劫不复，却依然饮鸩止渴，一晌贪欢，宁愿长醉不复醒。为那河对岸迷离阑珊的灯火，我们在寒冷浸骨的河水中也艰难地笔直前行，全因梦里一场娇艳妖娆的春天。孟小冬才华闲抛，与世隔绝，无名无份，只为和梅兰芳能够白头偕老的执念，以你之姓，冠我之名。然而这份委曲求全并没有换来得偿所愿的美好结局，孟小冬眼睁睁地看着梅兰芳对自己越来越冷淡，别无他法。

长巷里的青石板，很久都没有响起归人那达达的马蹄声，万家灯火，却没有一盏是为自己而留。雨滴青苔，风穿花墙，眉眼间的三分浅笑也随着一日日无尽的等待慢慢老去。爱情与生活，都是一场寂寞的戏，没有人会代替我们出场，也没有人会一直陪伴在身旁。孟小冬为一个众人之中炽热的眼神，一帘自以为倾注深情的幽梦，一直执迷不悟。

然而投向你的眼神终有一天会转开，梦做得再久也要醒来。季节的流转只换来春风无痕的等待，滚滚的红尘会将所有深刻的感动与牵绊深理，心甘情愿或者是不情不愿都只是无奈，似水的流年会将黑色的发丝擦白，为你竖立不熄的灯塔也明亮不再。

孟小冬一日日看着黛瓦白墙，疏荷柳杨，终究明白了他对她的感情已无前般浓烈飞扬。她依然是少女二十芳华，对爱情有着天生美好的渴望，她做不到忘记如水过往，也无法毫无记恨的原谅。她只能在朦胧的月色下登楼倚窗，默默垂泪暗自神伤，将那《捉放曹》轻轻哼唱：

> 一轮明月照窗下，
> 陈宫心中乱如麻。
> ……
> 这是我把事来做差，
> 悔不该随他奔天涯。
> 落花有意随流水，
> 流水无意空恋花。

然而世事不会因为祈求就停止周而复始的无常。1928年的春节，梅兰芳托说忙未曾陪伴小冬到家里探望。过后小冬依然一个人在金屋里过着闲散等待的生活，这时候她看到一份《北洋画报》，登有一则消息："梅兰芳此次来津出演中原，仍寓利顺德饭店。但挈其妾福芝芳同行，则系初次。福已截发。"① 这新闻说梅兰芳又到天津演出，不过此行是首次带夫人福芝芳同往。孟小冬看完后委屈非常，想着福芝芳嫁给梅兰芳已有六七年时光，从未跟梅一同出门演出，此时又有三位子女拖累，更是没有双双远行的理由。明摆是完完全全做给世人看，做给她孟小冬看的了。性格清冷倔强的孟小冬也不禁悲从中来，伤心之下离开"金屋"，回到了娘家。

彼时父母尚在的孟小冬，总不会天大地大，无处容身。孩子的一笑一颦，如何不牵动着父母一颗护犊的心。起初孟五爷夫妇能够见到长女，甚是欢喜，未曾想孩子回来便闷闷不乐，抑郁寡欢，心头也跟着疼痛不已。小冬在长空雁过，落叶惆怅的窗前静静思索，这才结合恰满一年，便是风云变幻，物是人非，往后那悠长的岁月该如何度过？无比美好的想象也抵不过冰冷无情的现实，她看着窗外的草木瓦檐，开始悔恨自己那年少无知的冲动与骄傲。

在家里闲坐无事的小冬对未来毫无打算，仿若全身的重心都在梅兰芳身上，不曾想生命与时光的支撑也有崩塌的一天，崩塌过后的小冬一颗心满目疮痍，却找不到何事可做，生无所恋的感觉莫过于此。

孟五爷看爱女失魂落魄的模样，便出主意说，他能去天津唱戏，你就不能去天津演出吗？孟小冬听到自己喜爱的曲艺，便有按捺不住的兴奋心动，可她又觉自己有年余未曾登台演出，生活一直闲散无心，根本没做到"拳不离手，曲不离口"，技艺不免有些生疏，现在立马登台怕有闪失。便在家里每日用心排练，孟五爷则出面联系演出事宜。可怜天下父母心。又可叹我们终究在世间终究不是寂寥一人看那繁花似锦，一个人在冰天雪地孤独取暖。一朝父母缘，百年春晖心。

---

① 引自《梨园冬皇——孟小冬传》，徐锦文著。

观众听说孟小冬阔别舞台两年有余,此次到天津开演,更是求之不得。登台之日,声势浩大,盛况空前。看见依然被戏迷所厚爱,孟小冬感慨万千。曾经的珠联璧合如今已是伤痕累累,倾心的爱人渐如陌路,乞求一份圆满善终的爱情是否要求太多。也许正是两个人都惊艳绝才,那份精致与完美都成了双倍,反而脆弱得惊心动魄。可叹孟小冬花在练功吊嗓,唱词戏文上的无数个日日夜夜绝不会抛弃她,流过的血滴下的泪不可能遗忘她,每一分的努力都会融进骨血,成为她生命里的每一次呼吸,安抚她进入每一次的安眠。

我们除了风花雪月的爱情,总归要找到其他让我们立足的东西,用一壶清茶的时间,织就自己的一匹素锦。我们可以如诗人,在文字里徜徉,挥洒笔墨尽情飞扬。我们也可以仿若那旅人,寄情于山水田间,阅尽每一分春色秋水。红尘陌路,我们终究要一个人走过,不知与何人述说的时光,悄然而来如影随形。幸好我们还有那些支撑着生命的力量,诸如事业,诸如爱好,诸如坚强。

小冬一直是位特立独行的女子,不爱施脂粉,不喜穿女装。也许正是演绎刚毅男子的经历,让她的性格格外独立坚强,心气高扬。在天津期间,她出入各种交际场合,一直素面朝天,落落大方,受到各界盛誉。每当有人询问她与梅关系时,她一律不予回答。虽然他们的婚姻关系已经是公开的秘密,不过仍旧未得到承认。

我们已经将自己看得很低,萎落泥化,在尘埃里都要开不出花,一寸寸芳心在失色的烟雨之中干枯成灰,却得不到众人呼唤的牵挂。你我会相逢在何处的天涯,那时候你能否记得我十年懒散的琵琶?不被承认的年华,犹如路边一朵不知名的小花,再也没有被倾慕的春秋冬夏。

不被承认的孟小冬,心里的黄连翻滚如江海,苦了一身的玉骨冰肌。她强作欢颜的演出,其实都是做给梅兰芳看的,你带你的妻到天津演出,我并不落于你多少,没有你的日子,我也有我的戏迷,盛赞我的才华。

梅兰芳没想到带福芝芳出门的消息会被小报报道出来,无意中伤了小冬本就敏感的心,更让他惊诧的是小冬竟会用针锋相对的方式回报所受的伤。也许他惊诧的是女子已嫁，并未如他所想闲坐在素花绿窗前等候他，而也有自己的骨血自己的生涯。这种不受他控制的感情让他十分焦头烂额，却又别无他法，只能在孟小冬那里求个原谅，去孟府接了她回家。

一瞬的低头容忍，只能换回一时的两情相依。那些伤心落泪的孤独岁月仍在，那些不能够双宿双栖的因素仍在，那些命格里摩擦出血肉的矛盾仍在。也许梅兰芳需要且喜爱的是王明华一样大度辅助的太太，福芝芳一样隐忍贤惠的女人。孟小冬性格坚毅骄傲，初见的确灼灼其华，然而一起生活的时光里，却从不肯退让一步。

可是相爱之人都贪恋痛苦之下，那微弱的温暖与幸福。梅兰芳与孟小冬因为前段时间的冷淡与赌气，深感爱之艰辛，感情越发好了起来。1928年9月下旬，梅的发妻王明华在天津逝世，梅兰芳与孟小冬都赶去见了最后弥留的一面。众人皆十分悲伤，梅亲撰一联挽之：

三年病榻叹支离，药灶茶炉，怜我当时心早碎
一旦津门悲永诀，凄风苦雨，哭卿几度泪全枯[1]

梅兰芳料理完王夫人的丧葬后，11月下旬便去广州、香港演出。这时他和孟小冬感情甚好，便背着福夫人带小冬随剧团一起前行。将近三个月的时光里，孟小冬日夜相伴在梅兰芳左右，此行等于是将二人关系昭告天下。这种认可，与曾可望而不可求的朝夕相处，都让孟小冬像孩子样欣喜非常。及至返回北京，他们的关系就正式对外公开了。1929年2月16日天津《北洋画报》登出一条新闻："孟小冬业已随梅兰芳倦游返平，有公然呼为梅孟夫人者，适梅之讯从此证实。"[2]

南方演出之行让梅孟两人的关系公布于众，感情也有所缓解。这时梅兰芳

---

[1] 引自《梅兰芳与孟小冬》，李伶伶著。
[2] 引自《梨园冬皇——孟小冬传》，徐锦文著。

准备赴美演出，齐如山等人都在马不停蹄地帮忙筹划。他们准备了许多精致小巧的礼物带去美国送给友人，比如梅兰芳亲自画的扇面，绣品、笔墨盒、戏装照片等等。而孟小冬也反串扮了林黛玉等女装照作为墨盒上的图案。齐如山儿子齐香曾在一篇题为《我的父亲齐如山》的文章里有这样一段记述：

  1932年我父亲一直为梅剧团到美国演出而从事繁忙的准备工作。……记得我姐姐齐长也用心地描绘脸谱。准备到美国送人的礼物种类很多，梅先生自己画了很多扇面，我姐姐也画了些，以备万一不够分配临时使用。还有小巧的工艺品，如墨盒、砚台等。墨盒上都刻有图像，给我印象比较深刻的有孟小冬扮的古装像。她本是演老生的，这幅画面却是扮的古装妇女，十分漂亮。平时我见她并不过分打扮，衣服式样平常，颜色素雅，身材窈窕，态度庄重。有时她低头看书画，别人招呼她，她一抬头，两只眼睛光彩照人。那时她不过二十来岁，我也就十几岁。六十年过去了，她那天生丽质和奕奕神采，犹在目前。①

  然而人无千日好，花开哪有百日娇。草拟赴美演出的人员名单时，之前被刻意搁置的争执浮出水面。孟小冬与福芝芳都想跟随梅兰芳同往，然而旧时赴美，开销颇大，理应精兵简政，节约开支，剧团中不少人员都是身兼数职。梅兰芳此次拟偕福同行，因为年初小冬已随团去过香港，未曾想小冬依然坚持要求同往，称福芝芳身怀六甲，不便远行。

  福芝芳能够做到一直待在梅兰芳旁边，管理内务家财，让梅党众人都侧目三分，的确是个狠角色。当她听说孟小冬以她的身孕为理由阻止她同往，便做了个让大家瞠目结舌的决定。她堕胎了。母爱大抵是世间最伟大的感情，孩子与母亲血脉相连，日夜艰难的成长，每一丝血肉的营养都来自于母亲的灵与肉，那份舐犊深情会让一位母亲化为秋水的温柔，也可以为了护犊而刚烈非常。然而为了一位男子全部的爱情，她竟然舍得抛弃已经孕育多时的希望，以骨血换爱情。天真又清傲的孟小冬在她面前，只能甘拜下风。

  梅兰芳最后哪边都舍不得，又哪边都不想伤害，只得决定不携带家眷前往

---

① 引自香港《大成》杂志，1988年8月，第177期。

美国演出。这个争执让小冬一气之下又回了娘家。然而这一次，大概是忙于准备赴美事宜，或下决心不惯着孟小冬，梅兰芳并没有马上去孟家接小冬回去，反而带着福芝芳一同前往北戴河游玩。

梅兰芳带着福芝芳在公共娱乐场合露面的消息不胫而走，京、津不少报纸均及时作了报道，也刊登了两人的泳装照、骑驴照片等。独自留在京城的孟小冬自然也瞧见，无法预约无法估算的世事让她痛苦异常，是否今生在佛前所求之愿，真的能够实现？换我心为你心的小小执念，能否如同长明灯一样得以圆满无憾？

到底意难平。满心只有酸楚滋味的孟小冬，似乎于茫茫前路中看清他们的爱情如此脆弱，没有被时光击败的流年，却被两人亲手折磨成了苍茫。梅兰芳的心依然在本宅大院之中，自以为的天作之和，在他看来也许只是一段怡情插曲。她现在仿若被抛到了汪洋大水之中，举头四顾心茫然，她唯一的浮木就是当初梅兰芳许诺的"两头大"，这是她的福音，她的拯救。

在这种忐忑不安，前路未卜的心思中，孟小冬将梅兰芳送上了去美国的行程。筹备达六七年之久的赴美访问演出，终于成行，历时半年多的演出访问十分成功，梅兰芳剧团于1930年8月回到天津港。没想到梅兰芳一下船就听闻了其母（即大伯梅雨田夫人、兰芳祧母）逝世的噩耗，不胜悲戚，未能出席特地为他准备好的盛大欢迎宴会，当晚乘火车急返北平奔丧。梅兰芳四岁丧父，之后由伯父梅雨田抚养成人。他兼祧两房（即两房合一子），伯父伯母如同亲生父母一般。

梅兰芳返回京城之后，隆重治丧。三天来前往无量大人胡同梅宅吊丧的人群络绎不绝。这次伯母病逝，孟小冬听闻消息，便剪了短发，头插白花，来到梅宅欲为婆母披麻戴孝，参加丧礼。这是人之常情，多少梅兰芳的亲朋好友都在一旁吊丧。孟小冬没想到的是刚跨入梅府大门，就被三四个下人阻拦，说夫人吩咐下来，孟大小姐就请回吧。

当初齐如山等人到孟家说亲时，提出了"两头大"，意即父亲家一房，伯父家一房。照理说自己是这伯父一家的儿媳，为婆婆尽孝理所应当，没想到就这样被拦在了门外。此等屈辱让孟小冬一口怨怨堵在心口，想见梅兰芳也被人拦着。此时恰好有认识孟小冬的好友前来吊丧，见状忙进门请梅兰芳出来。梅兰芳与福芝芳好生商量，没想到福竟然拿腹中快足月的骨肉为要挟，死活不肯孟小冬踏进梅府一步，梅兰芳等人百般相劝，皆无功而返，只得无可奈何地出了门。

似乎所有绝决的伤害都发生在雨天，冰冷的水气窒息了我们的呼吸，也冻结了温暖与爱意。梅兰芳跨出朱门，细雨模糊了眼前人的面容，她是谁？我又是谁？为何需要我做出如此艰难的抉择，为何需要我亲手将冷刀插进挚爱人的胸膛？梅兰芳思绪杂陈，沉吟半晌后对孟小冬慢慢说了一句"要不你先回去吧。"孟小冬初闻此言，顿觉五雷轰顶，她说："一般的亲友为老夫人磕个头也是应该的，你到底把我当做了什么人？"可是无论她如何不甘，如何痛哭，都没办法踏进梅府一步，只得泪水涟涟地跑回了娘家。

让她觉得如此可悲的不仅仅是名分未定，大庭广众下受此屈辱，更是那支撑她爱下去的"名定兼祧"、"两头大"等说辞已是一场空。嫁给梅兰芳已三年，却从未踏入无量大人胡同的梅宅一步，那里面的假山画廊是何等模样，那树影如何拂过缀玉轩的窗前，都未能瞧上一眼。她终于明白，这些都不是她的生活，她心心念念的地老天荒就在这一刹那崩塌殆尽，不仅带走了她的渴望，也带走了她的神灵。

小冬因戴孝风波受辱，心中怨怼梅兰芳，回到家中终日闷闷不乐，茶饭不思。这时，她家一墙之隔的义母常来探望小冬，看小冬面色苍白，满目憔悴，格外心疼，便安排小冬暂时去天津就医调理身体。就这样，小冬一人来到天津，寄宿在义母的亲戚家，除了延请中医调理身体，每日只跟着女主人焚香念经，以期脱离那是非情爱之地，照见五蕴皆空，度一切苦厄。

不知魂已断，空有梦相随。除却天边月，没人知。那些天天对着袅袅青烟，庄严佛像的日子让小冬备感轻松。五味杂陈的恩怨情仇，飘缈如尘的未来诺言，都仿佛化为了齑粉，随着燃不尽的一炷香，恍惚间飞往了彼岸，再也寻不回来。一念情深，一念超生。她不愿去苦苦思索如何夺回梅兰芳的心，如何在水中碎月里召唤自己的尊严。那些遗落在经文诵读声里的浅梦，就随之而去吧。

梅兰芳对孟小冬并无恶意，他只是希望一颗心能分为两瓣，谁都不欠谁。然而女人的心只有一颗，她们除了完完整整的一份爱情，一个家庭，别无所求。梅兰芳在戴孝事件上深觉对不起孟小冬，将祧母灵柩安葬南泡河梅氏先茔之后，便赶忙前往孟府，却不想孟小冬毫无踪迹。孟五爷心疼孟小冬奔丧受辱，看见梅兰芳到来，劈头盖脸就是一顿责骂，让他不要三番五次欺人太甚。梅兰芳顿感委屈，好好一对爱侣竟然变成了如今的模样，不禁悲从中来。小冬的三弟学科等上前劝慰，见梅兰芳伤心落寞的模样，有些于心不忍，便偷偷告诉了梅兰芳，小冬因病去了天津，可惜地址不详。

梅兰芳在美国演出顺利，载誉归来，可这一趟美国之行因种种缘故，开支远远大于进账，算来亏空10万元左右，折合现在人民币几百万。这钱对于梅大师来说也不是一个小数目，虽然不至于一下子就破产，补贴上的积蓄也十分惊人。加上伯母因病去世，小冬不辞而别去了天津，梅大师深感心力交瘁，疲惫不堪。他俩这次前后半年有余未见，想着小别胜新婚，重聚时能重温往日的温馨时光，忘却不甚愉快的烦恼琐事。没想到事态急转直下，越来越糟糕。他只得四处托人打听孟小冬在天津的下落。

数月之后，友人打听到孟小冬在天津卫的住所，怎奈孟小冬已然心灰意冷，吃斋念佛，仿若看破红尘，无论友人如何劝说，誓不与梅兰芳相见。

如何相见呢？四目相对的那一刹那，柳烟花雾的繁华春光，情深意浓的美好夏日，冷淡薄凉的萧索秋景，怨恨苦痛的破碎冬梦，统统回到眼前，再也甩不开。见了又如何呢？别来几向梦中看，梦觉尚心寒，更别提梦破时分幽幽转醒，都付与何人说！见了能够如何呢？我不可能忘记落地生根的伤害纠缠，你不会放弃你那娇妻美妾盛世华名，就算我无所畏，你无所谓，我们也只能一遍遍重复刺骨的疼痛，周而复始，永不停息。

缘分未尽时，我们怎么挣脱都不得可能。梅孟二人的感情如同一面犹自放在窗边的镜面，内里已碎成了千片万片，再来最后一指的力量就会分崩离析不复存在，在那之前，我们依然自我欺骗破镜仍圆。孟母不放心养病的女儿，亲自前往天津探望。梅兰芳也抓住这个机会向孟母求助。心慈念善的孟母一直开导小冬，终于在十二月左右，孟小冬回到了北平，原谅了梅兰芳。

然而这只是双方的妥协和不愿分离，他们爱得不合时宜，苍老和苦痛遍布全身而不着痕迹，全盘输给了命运无法参透的玄机。面对流水落花的光景，我们无能为力，流淌而过的人生如戏，只是这场戏注定有我一个人的棋局，没有你翩翩的青衣。

爱情只需两个人，婚姻则需要两个家庭。如果生活还牵扯到了其他亲友，情形就更加扑朔迷离。孟小冬的悲剧在于爱情的来去全不由她自己。之前一直极力撮合她和梅兰芳的梅党中坚人士，曾多次商讨梅的家庭纠纷，想要帮助梅在"福、孟"之间作出决断。这一次他们的意思是要梅兰芳舍孟而留福，理由很简单："孟小冬为人心高气傲，她需要'人服侍'，而福芝芳则随和大方，她可以'服侍人'，以'人服侍'与'服侍人'相比，为梅郎一生幸福计，就不妨舍孟而留福。"他这个说法，把那些拥孟论者列举的冬皇优点，什么梨园世家、前程似锦、珠联璧合、伶界佳话等等，全都压了下去，在座的每一个人都不敢再赘一词（大震楼主：台湾《艺海杂志》第70页）。

是的，梅兰芳是名伶，他的事业顺遂一生幸福异常重要。然而其他人呢？孟小冬的幸福就不是幸福了吗？也许这场爱情，对于孟小冬来说就是一个美丽而忧伤的错误。

大概半年之后，尘缘种种让孟小冬终于忍无可忍，她对梅兰芳提出来了分手。不知道为这个决定，她辗转了多少无法安然入睡的黑夜，吞噬了多少流也流不尽的泪水，看淡了多少曾经寂寞悲喜的时光。梅兰芳听闻之后如若晴天霹雳，他知道她的苦她的痛她的泪，但是他从未想过他们会分开，本以为至死方休的纠缠，就这样飘洒一地落花，再也捡不起那阳光下的斑驳碎影。

孟小冬离去时的话语掷地有声"我今后要么不唱戏，再唱戏不会比你差；今后要么不嫁人，再嫁人也绝不会比你差！"是的，她一直是那样坚毅不服输的女子，是他错看了她，但是这四年时光，没有错爱。错的是整个宿命的局。

那晚小雨淅沥，梅兰芳赶到孟府外面，孟小冬却说至死不愿相见。梅兰芳孤独地站在雨中，人与楼在吹不尽下不完的风雨中默然相对，冷冷相望。望不穿的秋水是否在和往日的岁月告别？可是直到夜尽天白，我依然独自归去，没有你在身旁。这大概是世界上最远的距离，比生与死还要遥远，红楼隔雨相望冷，珠箔飘灯独自归。

回不去了，无法归去，无处归去。光阴匆匆交替，缘分到了断裂的一刹那境地，我们就算措手不及，也只能够放手任天涯东西。你为我描眉的胭脂画笔，依然在我身旁慰藉我的美丽。我替你缝制的过冬寒衣，能否再温暖你一整个曾经？

恩怨情仇，笑语清泪，大抵只化作了一句话，我若别离，后会无期。

第四折　我负人抑人负我？

万法皆空，因果不空。时光流转，带走了如花容颜，带不走前因种下的后果。今日的偶然相遇，必定有着前日的苦心经营。世事无常，那流光的水岸，映照出的也不是如一的颜色。愿一辈子华枝春满，天心月圆地走下去，没有执手相看泪眼的分离，没有求而不得的苦衷，没有水远山遥的来梦。是的，就如同徐志摩所说的一样，谁都以为自己会是例外，在后悔之外。谁都以为拥有的感情也是例外，在变淡之外。谁都以为恋爱的对象刚巧也是例外，在改变之外。然而最终发现，除了变化，无一例外。这些无一例外的变化，就是劫数。

你舍不得什么，就会被什么所捕获。你期望金钱，也许会一无所有。你渴望爱情，也许恨到归时方始休。你放不下名利，最后给世人留下的，只不过是遭人诟病的浮名。这些生不带来，死不带去的各种纷乱情愫，却让我们看不清秋水望穿的张张罗网，连人连心连着梦，一网捞尽。有人说，这就是业障，让你明白生而为人的意义：受苦，受难，净化而去。这心有千千结，忘不了又放不下的力量，就是劫数。

大地茫茫，河水流淌，是什么人掌灯，把你照亮。如同飞蛾扑火，本能地向往那短暂的光明和温暖，穿过腊月冰封的思念，忘却四月纷扰的梅雨，丢弃桂月芬芳的浮光。可他人掌的灯，终究有一天会慢慢熄灭，在黑暗中再也无法追寻。那一丝微弱的荧光，支撑不了我们生命中鲜活的那一部分。而另一部分，也就随着那微光，枯萎了。照亮你的人，就是劫数。

若说孟小冬这辈子有一个劫数，我相信这个劫数一定就是梅兰芳。

如果没有那次在义演的后台上，小冬多看梅先生的那一眼，他们也会在另一场戏上擦肩而过。如果没有《游龙戏凤》的珠联璧合，也会有《四郎探母》的惺惺相惜。如果没有梅党的乱点鸳鸯谱，也会有观众的好奇观望。是的，这就是劫数，逃过了一次邂逅，还会有下一次相遇。无论季节怎么流转，时光怎样逝去，都会栽在这个人手里。让你懂得世事无常，懂得撕心裂肺的别离痛苦，懂得无论发生了什么，一定要爱自己。那些深夜独自的辗转反侧，将一颗千疮百孔的心，打磨的伶俐剔透，温润，安静，独立绽放。

孟小冬与梅兰芳分手时，也就二十出头的光华，本应是初尝爱情的年龄，却已阅尽人间冷暖，看淡沧海桑田了。尽管当梅兰芳的面说了两句掷地有声、颇有骨气的话，她依然满心委屈，回到家中终日茶饭不思，只是低声哭泣。女子的心纤弱敏感，爱情对于女子来说如同生命般灿烂，爱情的终结也伴随着生命之花的枯萎，那些远去的年华，雨夜里的歌声，就在昨日，却已容颜暗换，再也寻不着。

没有了滋养身体的雨露，没有了支撑信念的幸福，小冬的生命如同雨露风霜无情摧残的花儿，瞬间干枯成灰，散落天涯。她开始不吃不喝，几天下来滴水不沾，粒米未进。家人的劝说如同一把锉刀，把她的思绪磨得更加心灰意冷，决绝的性子竟让她拿出剪刀要绞断青丝，仿佛那蚀骨的痛苦情思能够随着青丝一样飘落，再也不会伤害到她。面对这样生无可恋，死亦无惜的孟小冬，亲朋好友都操碎了心。义母跪求，父亲拖着病体照看，恩重如山的亲情让孟小冬终于号啕大哭出声，再也不说寻死的事。

此番折腾终究是伤了她的元神，以至多年之后，她的身体一直无法恢复到巅峰状态，胃病头疼始终侵扰着她本就单薄的身体，那样一点一点耗着，耗去无数时光，只存留下一丝对亲人的挂念和不舍，搀扶她一路走来。

除却身体上的损伤，小冬心灵上的创伤再也无法愈合。对人生和幸福的镜花水月失望了，她让父母绝口不提有关她婚姻的一点事，仿佛一点往事的线索就能将她抛进伤痛的漩涡。曲折婉转的回廊，铺就着一寸寸相思地，惨淡的落月成孤倚。那光彩明亮的舞台生活，仿佛会让她想起两人郎情妾意的绵绵记忆，又或者她毫无精力去仔细斟酌那一腔一调，竟然蓦然让她厌恶。小冬一一婉拒了多家戏院邀约，只身一人来到天津，仍借居朋友处，一心问礼，吃斋念佛。

佛又为谁而活呢？为了佛法吗？为了天下人的平静安宁吗？他会有着自己的喜怒哀乐吗？他看见芸芸众生的生老病死，在苦海中不得解脱的轮回，会感到一丝悲

孟小冬在天津

伤吗？

佛若无情，他如何理解苍生的贪嗔痴恋？他怎能明白放也放不下，拿起又苦痛的岁月和无情？他如何能够普渡众生？然而我希望佛是无情的。因为他的无情，我们才能在俗世中纵情去爱，去感受，因为我们知道，佛一直在。他拥有的只是慈悲之心，就像三生河水，静静地倒影出我们的欲望，解救我们的苦难。他用他注视了红尘深处亿万年的眼睛告诉你，这些都不特别，这些事情所有人都有，每一个人，都是痛苦的，挣扎的，这是你的业障，你的修行。

很多时候只有曾经美好的记忆，才能支撑我们熬过难堪岁月。经年过往，独自在窗前垂泪的那部分被自动滤掉，明朗短暂的欢乐时光成为了我们的精神支柱。

就让我们把所有的思绪，停留在人生如初见的那刹那。那时所有的事情都干净纯美，君心似我心，不负相思意。不，是根本没有需要相思的时刻。没有分离，没有伤害，没有反目成仇，没有恨之入骨，没有被毁掉的梦想，没有看不见的未来。但是否这样，便也没有了相濡以沫的涸泽之欢，更没有了经过漫长洗涤之后沉淀下来的深沉的爱。

幸而小冬并不是一个人在与命运纠缠，她还有着许多仰慕她、喜爱她的观众。其中一位叫沙大风的戏迷，在小冬的生命里可以算作一位"贵人"。沙大风那时是《天津商报》的记者，小冬和梅兰芳赌气，一人跑去天津演出时，他便为小冬的剧艺深深折服，于1928年在《天津商报》的副刊"游艺场"上开辟了一个"孟话"专栏，专门由他撰写有关孟小冬的报道。当时有署名"斑马"之人，写打油诗一首云："沙君孟话是佳篇，游艺场中景物鲜，万岁吾皇真善祷，大风吹起小冬天。"，引得传诵一时。[1]

在这些文章中，沙大风竟然惊世骇俗地称呼孟小冬为"吾皇万岁"、"冬皇帝"等等，自称"老臣"、"臣"，对孟小冬大捧特捧，让彼时20岁的孟小冬，越发红火起来。从此，"冬皇"之称不胫而传，报章杂志多以"冬皇"冠之。将

---

[1] 引自《梨园冬皇——孟小冬传》，徐锦文著。

近 20 年之后，南方各媒体才引用"冬皇"名号称呼孟小冬，而她也成为了名副其实的老生皇帝。

沙大风得知小冬为婚姻受尽折磨，并且开始自暴自弃，放弃一直倾力而为的演艺事业，认为十分可惜。他劝慰小冬说，与梅兰芳的婚姻乃世人皆知，现在既然分手，也要通过法律途径正式提出离婚，让全社会知晓，来去清白，正大光明。然后推荐了一位上海女律师。小冬仔细思索后便南下上海，请律师帮忙妥善解决。

爱你之前没有名分，爱你之后再也不能这样无名无姓地走了。身无挂碍虽可，我也要在你的生命里留下浓墨重彩的一笔。青山卧雪的岁月，断雨残云的缘分，也许都不会在千万年流淌的传说中告诉世人，我曾经是那样倾慕你，你又怎样的爱我。只有冰冷厚重的文书，和你所有的时光纠缠的名字，才能永远镌刻那悠长的沧海桑田。

在上海，小冬找到了她的结拜姊妹姚玉兰。此时的姚玉兰已是上海大亨杜月笙的第四房姨太太。姚孟自 1925 年北京一别，多年未见，如今突然一见姐妹为情所伤，满身憔悴，又是惊又是悲。听完孟小冬此番来沪的意图，姚玉兰深觉官司累人，于是请杜月笙出面斡旋。

杜月笙给梅兰芳挂了长途，告诉他小冬来沪请律师的事。杜月笙表示，好聚好散也是种缘分，闹到场面上去，谁脸面上都不好看。这番由他卖个面子，请梅老板拿出三五万元的，算作是离婚的补偿，从此两人脱离关系，再无牵扯。

其实梅兰芳和孟小冬分手之时，本想送一笔钱给她略表心意，怎奈孟小冬倔强非常，小孩子心性地一口回绝。过了这么久，却又把事情闹到上海去了。梅兰芳满心的不是滋味，可杜老板亲自出面调解矛盾，这个账还是要买的。于是就一口气答应了下来："好，就按照杜老板说的办，给 4 万！"[1]

就这样，在杜月笙的周旋下，差点要对簿公堂的两人无声无息地散了。梅兰芳也是重情重义的男子，为了支付这笔离婚费用，他卖掉了心爱的北平无量

---

[1] 引自《梨园冬皇——孟小冬传》，徐锦文著。

大人胡同的花园住宅，也因为社会上的风声风语，全家在1932年左右，迁居上海，解放后的1951年才举家迁回北平，居住于住护国寺街1号（现"梅兰芳纪念馆"）。[1]

有人采访孟家、余家后人，皆说孟小冬并没有要这笔钱，她只是在乎讨得的一丝尊严，总算让失魂落魄的心明亮了一些。有时候，我们在意的那些尊严、公平、道理，只是在时光的注目下，说给自己听。让我们放下浮云落日的悸动，挣脱十里春风的束缚，在滴漏声声的静夜里安然入睡，怀抱那一树梨花，不再想起。

孟小冬想要的是她的骄傲，她在不被承认的岁月里一点点磨碎的骄傲，在独自凭栏的飘零秋色里一片片枯萎的骄傲，在万家灯火等待不知是否会出现的归人时一盏盏熄灭的骄傲，在那梅府门前、深夜寒雨中，一丝丝流逝的骄傲。她本可叱咤梨园江湖，冷傲地面对她的戏迷，尽心尽力琢磨她的戏，赚来钱财供养父母家人，自己乐得一人逍遥自在。她不知道能否重新开始生活，不知在哪里暗藏了尖刺的生活，无声又无息会让她遍体鳞伤的生活。她需要她的骄傲，支撑她往后的征途，不记来时路。

追想当年事，皆天数，非人力。三分春色二分愁，更一分风雨无期，念过往，不知今夕是何夕。年少时红楼帐暖听雨的希冀，到如今，只剩梧桐叶上三更雨，斯人望断独倚。一程又一程的萧萧风雨，打湿了你的诺言我的华衣，相拥取暖的曾经抵不住岁月无情的侵袭，而我们最后的结局，只能是执手分离。

小冬正值盛年时光，却终日茹斋念佛，仿佛看破了红尘。舞台上的叱咤风云，风流倜傥，也全丢在脑后。似乎那吊嗓练声，刀光剑影，胡琴吱呀的生活离她很远很远了，远到有时候在佛前惊梦，我曾经那样活过吗？记忆里笑语嫣然的少女，舞台上英气逼人的老生，都是曾经的那个我吗？那些不同的我，每一个流着汗练三伏的我，每一个在大红幔布拉开后听见如潮水般掌声涌来的我，每一个在台下钻研词曲腔调的我，每一个为了无望的爱情终日不得解脱的我，

---

[1] 引自《梅兰芳画传》，王慧著。

孟小冬便装

每一个来来去去的我，都是我吗？还是那只是我的幻影，只存在于我的脑海中，却从来没有存在于人世间，真实却又不真实，哪一场梦境其实是我生活过的人间？

孟小冬凝视着慈悲的佛光，选择去遗忘那些被伤害被辜负的时光，忘记那场独自垂泪苦涩尝遍的情事，可是她也放弃了自己，那个在舞台上光彩夺目，有着天人之姿的自己。观众却没有忘记她，依然念着那个扮相英俊，不露雌音的女子，社会上想要再次目睹她一展风姿的呼声越来越高。小冬却依然深居简出，两耳不闻窗外事，一心只念佛堂经。

这时，有好友给她分析利害关节：现在小报为了追求销量吸引眼球，让无聊的作者虚构陈年旧事，添油加醋地描写你之前的生活，虽说不必介意，然而如今你自暴自弃，脱离舞台一去不返，无声无息地在家里吃斋念佛，反而使大众信以为真。久而久之，观众将你遗忘，你断送的是自己的青春才华，以及之后的光辉岁月，多么不值得！现在观众都期盼着重新目睹你的风采呢！

小冬听及此言，颇有感触，念及家父已作古，老母及弟妹众人需要支撑，作为家里顶梁柱的自己却如此消沉，终究不是该有的样子。可逝去的时光终究逝去，东流不复返的水光再无法重现碧波荡漾的华景。小冬想到未来颇有些一筹莫展的感觉，好友便建议小冬不能逃避不堪往事，所有的故事都是经历，只有向世人明说，公开自己的态度，警醒那些无聊的小人，方是上策。

物是人非事事休，纵被无情弃，不能羞。顿悟的女人，伫立在天涯高楼，抛却往事的无限忧愁，只剩下风光雨后水悠悠。犹如精心酿制过一整个年华的梅酒，百般滋味当中，多了分一往无前的漫漫清秋。

孟小冬听闻此话，茅塞顿开，眼前飞逝而过那山高水长的悠悠岁月，浮光掠影之间恍然大悟，她如此之好，为何要委屈自己至此境地？衣上酒痕诗里字，点点行行，总是凄凉意。在青灯凉烛下，映着窗外的月光花影，她愤然疾书，每一个字都铿锵有力，饱含她流过的所有泪水，寄托了她对无限未来的美好遐想。

启者：冬自幼习艺，谨守家规，虽未读书，略闻礼教。荡检之行，素所不齿。迩来萤语流传，诽谤横生，甚至有为冬所不堪忍受者。兹为社会明了真相起见，爰将冬之身世，略陈梗概，惟海内贤达鉴之。

窃冬甫届八龄，先严即抱重病，迫于环境，始学皮黄。粗窥皮毛，便出台演唱，借维生计，历走津沪汉粤、菲律宾各埠。忽忽十年，正事修养。旋经人介绍，与梅兰芳结婚。冬当时年岁幼稚，世故不熟，一切皆听介绍人主持。名定兼祧，尽人皆知。乃兰芳含糊其事，于祧母去世之日，不能实践前言，致名分顿失保障。虽经友人劝导，本人辩论，兰芳概置不理，足见毫无情义可言。

冬自叹身世苦恼，复遭打击，遂毅然与兰芳脱离家庭关系。是我负人？抑人负我？世间自有公论，不待冬之赘言。

冬更有重要声明：数年前，九条胡同有李某，威迫兰芳，致生剧变。有人以为冬与李某颇有关系，当日举动，疑系因冬而发。并有好事者，未经访察，遽编说部，含沙射影，希图敲诈，实属侮辱太甚！

冬与李某素未谋面，且与兰芳未结婚前，从未与任何人交际往来。凡走一地，先严亲自督率照料。冬秉承父训，重视人格，耿耿此怀，惟天可鉴。今忽以李事涉及冬身，实堪痛恨！

自声明后，如有故意毁坏本人名誉、妄造是非、淆惑视听者，冬惟有诉之法律之一途。勿谓冬为孤弱女子，遂自甘放弃人权也。特此声明。①

---

① 引自《大公报》1933年9月5日。

悲欢离合总无情，任那寒窗玉阶前，细雨声声，点滴到天明。孟小冬为了一份小小的安稳的幸福，无心再续笙歌梦，轻轻掩上吱呀的竹扉，独自在梅兰芳路过的风景里浅醉闲眠。为他一时驻足，她在长日黑夜中等待，睁眼看那床帘一角轻轻摇曳的流苏，是否她已一根根数了个清楚明白？她清醒而隐忍地感受到漫无边际的孤独与失望如海潮般涌来，熬过那吹酒醒的料峭春风，熬过那独看牵牛织女星的夏日七夕，熬过谁与共孤光的中秋月夜，也熬过折枝梅花独自看的漫漫长冬。可是她终究未能熬来属于她的无忧四季。

也许爱情本不该是煎熬，而是安然舒扬的陪伴，彼此不会尴尬的沉默与独处时安静的力量，可以改变自己本来的模样，让对方如同一棵大树，握紧你的血肉和心脏，于你身躯每一个角落静静生长。我们心如明镜从不怕飘落的任何尘埃，因为我们知道可以随时拂去的尘埃本身，没有任何重量。我们淡定地剥露出每一瓣带着温热的血液的真心，从无闲暇去思索，那青苔覆满的屋檐下，滴落的雨滴是否会冲淡我们的信任与爱恋，是否会将那最柔软的地方砸的粉身碎骨。所有伤害都只存于可能之中，永恒而淡然的爱情，不会让悲伤和痛苦发生，它只会风轻云淡地存在，永远不会消失。

孟小冬曾经风华绝代的爱情，在昼夜交替的煎熬中慢慢零落成泥，在鸳鸯瓦冷的孤独寒露中散落化灰，在翘首的盼望和低首的失望交错里消落殆尽，再也寻不回感动与坚韧的理由。曾经醉梦里的盈盈笑语，都化作报纸上的字字锥心。

这则"紧要启事"刊登于1933年9月5、6、7日的天津《大公报》上。连续三天在第一版醒目的位置都看得见孟小冬无声的呐喊。到处散布流言，搬弄是非的小人，你们看吧，你们看呐，为了洗刷掉你们泼向我的脏水，换回清澈我的安宁，我向众人划开尚未结痂的伤口，掏出血肉模糊伤重未愈的真情。我亲手斩断我的悲痛，只留下了那安然无恙的一部分，你们再也不会伤害到我了。

也许除了清洗蜚短流长，小冬还想亲自对这段无法预约，又全无希望的感情道一声再见，而再也不见也许是最好的安葬。谢谢你带给我的所有快乐与悲伤，那浓烈的悲喜和纯净的苍茫，都是你我和宿命无法更改的过往。想来世间最美的情节，都最断人肠。我不会在今夜就将你遗忘，然而天涯旧梦的飞絮会散落在红尘何方？只愿你梦到月落销魂处，我依然还是你在水汀梅下曾经爱过的模样。

女人的心总归软弱，未能地老天荒的缘分，在深夜静思里，点滴铸就了漫无止境的遗憾和想念。相对于完美无瑕的坚硬和脆弱，注定错过的因缘际遇，残缺不齐的美丽才是细微而永恒的天长地久。艳阳下全然绽放的花朵并没有残月下将谢未谢的花影更惹人怜惜。纵然此生无缘相见，若得闲，仍念。

世间多少痴男怨女在苦求而不可得，抑或决绝转身相离的时候，会大声呐喊"我从来没有爱过你"，仿佛随着这句话的掷地有声，曾经为爱情受的苦难，需要背负的责任，欢欣美好的时光，全都吸进了泥土里，渗透到整个星球，再也不见踪迹，也从没有存在过。孟小冬以这样一种再无退路的方式挥别了自己的爱情，但她自始至终没有否认他们携手走过的流景。她甚至也不忍指责她爱过的梅兰芳的无情无义，最重的不过说梅"含糊其事"、"概置不理"、"足见毫无情义可言"，而所有的评判，就交给你们吧，"世间自有公论，不待冬之赘言。"

小冬什么也不想说，她说的已经足够多，青春年少夙愿难了的梦中期盼，盘桓于心中的失望绝望，如鲠在喉的绵绵话语，为你擦不掉也流不尽的泪，扎根在只有我们俩才会懂得的岁月。阅尽三千繁华，流年弹指刹那，百年过后，不过一捧黄沙。道一声珍重，宿命的此番结局只能接受，我们的别离，不要忧愁。

本能地，向往着温暖。温暖就是窗前温润的阳光，熨帖地抚慰你冰凉的肌肤。温暖就是午夜梦回泪醒时，看见枕边一直安然的熟悉脸庞。女子确是世上最不可理解的动物，如果不是从心尖那人获取的温暖，如何都不能温热自己冰封的心涯。没有了爱情，那就只有封闭自己，向外寻找一些赞扬，一些美誉，少许关怀，少许温暖。这就是退路。

《狸猫换太子》孟小冬饰演陈琳

孟小冬重拾信心，勤学苦练，甚至想拜言菊朋先生为师，后因各种阴差阳错未能成行。这时候的艺术是小冬的生命和支撑，舞台明亮绚烂的灯光会温暖她冰冷的寒夜，吱呀的胡琴喧嚣的锣鼓声驱散萦绕不止的寂静，安排满满的吊嗓练声让她没有闲暇去回忆去感伤，而观众的喜爱和追捧也捧起了她的一片天。

可是捧起的天也有不测风云，小冬专心致志地深造，追求如意生活带给她顺遂和希望，可我们能够掌握自己的荣华或者清苦，努力或者堕落，却逃脱不了别人投射给我们的狂风暴雨。天津某一家报纸上开始刊登连载小说，用化名暗指讲述小冬与梅兰芳的往事，把数年前的冯宅旧案重新提了出来，甚至猜测怀疑这件事的始作俑者可能就是某某坤角，又含沙射影地说最后某名坤伶向某名伶敲诈大洋数万……群众都开始以猎奇的眼光看待这件事，流言四起，越传越离奇。

这些以讹传讹的故事都让小冬不可忍受，出门去仿佛每个人看向她的眼神里带着微冷的戏谑和寒意，走在人群中身边的人会意味深长地停下话语，而小报更是扒开她血淋淋的伤口再踩一脚，展示给众人观看。然而对方只是以"小说"形式讲述一个故事，从未指名道姓言之凿凿，自然也没有找人评理的由头。那些人取了她的肋骨酿酒，让众人都醉的有血有肉，让她痛的无眠无休。整场情事都无法放一把火烧走，只能在暗夜里背人处独自泪流。

压死骆驼的从来不是一箱箱重物，而是不知何时飘落在背上的一根细小稻草。爱情里决绝的大事也许并不致命，致命的是那些琐碎小事中掺杂的冷落和失望。红尘阡陌里，巨大的悲痛和无常也许让我们越挫越勇，没人安慰之时自己给自己坚强和温暖。不经意的刹那，也会卸下所有自以为牢不可破的防备，露出早已溃烂的内心，一点就痛。那些至痛的瞬间，也许是期待一晚热粥时却只有冰冷的温度；也许是在期盼一点微不足道的关心时，看见的漠然相对；也许只是走的太久太累时找不到一棵可以依靠乘凉的小树。

死亡与苦难都击不退的你，也许就在一碗冷粥的面前溃不成军。看惯世间艰难，人心险恶的小冬，在几行模糊的铅字前失声痛哭，从此心灰意冷，一蹶不振。胭脂泪从来都留人醉，只不过无奈那朝来寒雨晚来风，摧残着我们好不容易积攒的一点慰藉与希望，如散场的青春，再也无法握在手中感受那星火般的迟暮，人生长恨，都自如亘古地流水长东。

孟小冬对舞台生活，从心底厌倦起来。这一切都是真实的吗？我在舞台上演绎动人的传奇，可有谁来述说我的故事？为什么我的故事会被描写的如此不堪？那些苦痛呢？它们是不是就是那跗骨之蛆，扎根在我的每一寸血肉中，度我的劫，化你的业，以致我们都错信了三生石上缘。我的渡口在哪里？我以为的以为会不会带给我希望的希望？昨夜落花自飘零，何处有尽头？

日日夜夜思而不解的纠缠，让小冬看破这一片红尘俗世，她不明白何来如此之多的苦难，是否这一世她只是降临偿还？一首梵歌换声声长叹，一颗冷心伴那夜夜静禅。在繁华尽处有她撕心裂肺的呐喊：让我走吧，放我走吧。一心向善，为何收获的只有伤害从没有静安。残阳欲落处，心空肠断。走投无路的孟小冬于心灰意冷中想起佛法，一切有为法，如梦幻泡影，如电亦如露。她似乎恍然大悟，世间有为法，都只是虚幻的投影，我只有在寂光净土界，才能寻得永恒的解脱。

孟小冬随后来到北平拈花寺，拜住持量源大和尚为师，虔诚地皈依了佛教，虽未遁入空门，却依然在寺中受了"三皈依"仪式，此后在家中持斋信佛。粉墨登场的时光离她越来越远了，大部分时候都是一心向佛，用心至深，以求身心清净慈悲。①

  到底是什么支撑小冬走过那漫长无比的寒冬炎夏，一个人坐在皎月纸窗前，一个人跪在青灯古佛边，思考着，淡忘着。

  幽幽古寺，几番回转的长廊，掠过孤寂寂空对月的花影，看清冷冷笼沙的云烟，独自空徘徊。流连在小院里，试着吊一吊嗓，空生一丝弦断有谁听的无边寂寥。一曲唱尽，没有知心人的赞许微笑，也没有观众的鼓掌喝彩，一枝残香撑不起岁月的无情，花落水轻溅，一座油盏点不亮苍茫的失望，灯暗玉虫偏。

  经历过生离死别的人，午夜梦回，依然不明白为什么人生如此发生，如此发展，如此结束？是不是所有尘事皆有定数？如果有，定数从何而来？是否初见花心惊艳的一刹，就已经注定花败人残的结局？抑或花未开，甚至花未种的时候，就已经决定，在某年某刻，这里会有一方倩影为一帘花色而流连，而爱慕，而悲伤，而决绝。如同一条清晰的脉络浮于空气中，凝结成传说。

  会有翻云覆雨手吗？会有高于一切冷眼看我们的存在吗？众生万象，是否都沉迷于他人设的局里，如果被带到阿鼻地狱，如何痛离悲苦都万世不可挣脱？我们是不是抓不住分毫，希望和快乐如手中的沙，沉甸甸地自以为拥有，终将从指缝中溜走，而你永远猝不及防。

  未曾生我谁是我，生我之时我是谁。长大成人方是我，合眼朦胧又是谁。我不知道小冬在这情海挣扎中有没有想明白，聚散总是无常，而所有的相遇都只是曾经擦肩的重逢，在某个契机下，它深沉的意义便浮现于锦绣的表面上。而那些爱恨情仇，苦痛纠缠，终究与草木同朽。

---

① 引自《梨园冬皇——孟小冬传》，徐锦文著。

第四本
梦是朝暮轮回一场空

第一折　青山依旧笑春风

　　无论时光的尽头有什么艰难坎坷在等着我们，总归有一段眉间留三分浅笑的淡然时光。也许大多清冷凉薄都为了日光下尽情舒展一卷微云的深情，时光的老去衬托出淡然若梦的容颜，真实的心境也埋藏在深几许的岁月里。世事浮沉，当时年少春衫薄，鲜衣怒马碧玉刀，如今也全换了模样。血流满地的时代过去了，换之以平庸的幸福，没有杀戮也没有胜利的歌。

　　发表"紧要启事"到后来皈依佛门之间的几年时光里，孟小冬仿佛释放出胸口压抑的闷气和委屈，看得见前路虽崎岖却光明，山一程水一程的季节流转，似乎永远停留在姹紫嫣红的盛春。东四三条的胡同里，终于又传出孟小冬悠转的余派唱腔，以及轻快的京胡伴奏声。悦耳的音符在小院里的青石凳上小坐，和牡丹上的雪蝶一起飞舞，绕着飞檐画梁缱绻不去，终于飞出了幽静的院落，带着小冬在一地碎片中拾取的信心，冲上云霄。落尽梨花春事了，满地斜阳，翠色和烟老。

　　小冬是不幸的。她的性格孤傲冷艳，看不惯的事情绝不随波逐流，自己认定的事实无可更改，就算被伤害得遍体鳞伤也在所不惜。可惜她心比天高，命如纸薄，如此心性却是旧社会的坤伶，注定她一生都要与这个世间抗争。

　　有一段北平沦陷时的故事。当时汪伪政府代总统陈公博来北平，北平的官吏们自然设宴款待，传召各名坤伶前来陪酒献唱。孟小冬接到传召之后，淡淡地提了三个要求：只唱一段戏、不陪酒、唱完即走。主办方十分难堪，又担心没有孟小冬惹得陈公博不快，便勉强答应。宴席上孟小冬匆匆到来，献唱一曲告辞离开，不若其他坤伶曲意逢迎，甚至当场拜陈公博为"干爷"。这样的性子让小冬挣扎在红尘世间十分辛苦，他人却肃然起敬（注：摘自《孟小冬：氍毹上的尘梦》，万伯翱、马思猛著）。

小冬又是幸运的。她艺术的一生遇到了许多倾心指导她的良师益友，在她懵懂的时候，在她蒙难的时候，在她彷徨的时候，都有贵人相助，拉她一把，将这块无双美玉从泥沼中轻轻拣出，再洗涤干净，打磨成一位惊艳温润的盛世冬皇。

她再次准备出发，遇见了因嗓音失润而改拉京胡的余叔岩大弟子杨宝忠。杨宝忠每日来到东四三条的小院，给小冬拉琴吊嗓，说戏练腔。也许经过了世事浮沉，小冬不再是之前天真烂漫的少女，舞台上也不再是为赋新词强说愁的演绎，动人的腔调中带有一抹烟霞误韶华的悲凉，辗转反侧的孤夜，不与他人言说的故事，都糅杂在了每一句起承转合之中，成为献给自己如水青春的枫林挽歌。

小冬后又拜鲍吉祥为师。鲍吉祥是一代名伶，余叔岩的老搭档，他成为了小冬离不开的重要配演，对小冬最后入雪余门起到了不可比拟的作用。小冬孜孜不倦地回顾旧时技艺，也向新师学习余派戏码，终于在1933年深秋重返深爱的戏曲舞台，在平津一带演出数场。

此时余叔岩年事已高，辍演多年，孟小冬沉寂许久，此番复出以余派老生的面目出现，技艺大长，令人耳目一新，再次引起平津戏迷的轰动。感情上失去的魅力，小冬在观众的热情下终于找回了些许。

也许艺术最需要的不是操持的技术，而是人生的感悟。台上每一句呕心沥血的吟唱，暗含的情感，嘴角的唏嘘，都是用眼泪烧成的灰烬，一点一滴飞舞在晴空之下暗夜屋里，被我们周身肌肤吸收殆尽，融进无痕的夏夜幽梦，裹着我们的冷暖血液遍布全身，伴随每一次呼吸，和远去的自己回首陌路。

孟小冬重返舞台的消息传遍各大城市，平津各大戏院老板亲自登门邀约，小冬在两地不定期演出，唱功扮相在他人之上，貌美气盛，落落大方，吐字清醇如芳，嗓音余韵不散，博得大家一致好评。连续数场都是满堂红，戏院门外汽车人流蜿蜒不绝。此种盛况，多年未见。天津戏迷更是因为沙大风的关系，喊出"冬皇万岁"的赞扬声。

　　听见这样令人感动的叫好声，正在后台卸妆的小冬蓦然回想起在"金屋"里的时光。夜凉如水，玉阶空向晚，漫漫长夜无处遣悲怀。坐在床边静默看着窗外树影横斜的小冬，已经在经年的岁月里数完院落里每一块青砖，摩挲过每一枝花叶，可那时光却如同静止一般，更漏声点点滴滴，衬着人心冰冷淋漓。那些刻骨铭心无处安放的岁月，真的已经过去了，远离现在的回忆和永远，再也无法转身相向伤害到我了。

　　她突然有些感动，原来自己不是不在意，而是害怕过多的奢求索取，换不来可以眷恋的曾经。这些平生所学带给她的殊荣，不是财大气粗权贵爱恋颜色娇艳的女青衣，也不是无聊度日的太太们力捧玉树临风的男旦，也超过一般戏迷对伶人的捧爱。这是一位女坤生，不以色事人，不哀婉绵绝，昂首阔立在中华的舞台上，接受漫天飞舞的礼赞。高情已逐晓云空，不与梨花同梦。

　　此后的两年光景，孟小冬一直在北京及天津两地做不定期的演出。她身子素弱，前番绝食礼佛又伤了元气，胃病一直未好。加上她唱戏比一般人用功，一举手一投足都带有十分气力，连普通的念白短板都一字不苟用尽精神来演绎，算下来她唱一场戏的精力别人可以唱三场。而她一直轻金重艺，不以票房收入为满足，一心向学，不到山穷水尽、捉襟见肘时，绝不轻易公演。就这样她演演停停，算下来每月也就三五场。

　　此时京剧在京津地区开始走下坡路，大量新奇的事物如潮水涌入，普通民众对这些需要费时费心欣赏的古老戏剧已没有了从前的欢喜。也罢，旧时日色冗长清淡，书信车马都是那么的慢，悠长的荒凉让吱呀的胡琴都走了板，一生的漫长时光只能够爱上一位侣伴。我们的思念需要用双脚翻越座座山峦，一曲流光需要车马承载一日的浪漫。周遭遍布不必需的锁繁，阻碍我们感悟那一句长腔里蕴含的文采斐然。

塞翁之马，焉知非福。京剧表演日渐式微，连杨小楼的场都孤掌难鸣观众稀少。孟小冬不轻易出场，反而惹得卖座奇好。也许正是她无法日日献唱，被大家捧得更高。如今的小冬不再是不谙世事、除了练习演戏其他一概不知的年纪。她在演出之余，跟人补习古文，勤学书画，也经常同后辈一起出门玩耍。

除了日常演出，她也经常参加一些义演。1935 年夏秋，全国范围内洪水为灾，长江、黄河、珠江等流域都未能幸免。为了帮扶灾区，上海青帮大亨杜月笙成立了"筹募各省水灾义赈会"，另一大亨黄金荣无偿出借场地黄金大戏院，举办戏剧筹款义演，预定演出一个月，所得票款全部救济灾民。

孟小冬自然在被邀请之列。她踌躇满志，如日中天，和章遏云并挂头牌，与沪上各名票名伶合作，连演二十天。没想到八天过后因为情绪不佳，身体孱弱便病倒了，不得不中断演出。虽然有几日演的是全本戏码，都是非常吃力的老戏，但对于年仅 27 岁的孟小冬来说，也不应该就此病倒。

遥想二八芳华，风华正茂，唱意随心，放逐天涯。以为未来很长，长到走不尽一条古老的小巷，只看见燕子在半空中翱翔，看不见它们何日返家。寂寞年华空庭欲晚，怎么转眼就一梦飞不过江南。孟小冬想不明白这么几年匆匆时光，竟然渲染了整个大地无尽的苍茫。

也许听见第一场秋风拂过的霜林的声响，就预见了落叶无法挽留的悲伤；也许看见在寒风中伫立在转角的砖墙，就想起某日灰尘瓦砾斑驳的模样。是不是我们太过逞强，不肯承认我们对世事都有无心的预感，却在无常来临前任由自己将前世遗忘。

章遏云

病倒后的孟小冬只能留在姚玉兰家静养,此时的她也许已经预感到艺术生涯前路的不祥。她曾对前往探望她病况的戏曲评论家许姬传不无痛苦地说:"许姬老,我是从小学艺唱戏的,但到了北方后,才真正懂得了唱戏的乐趣,并且有了戏瘾,这次原定唱 40 天,现在突然病倒了,我觉得此后不能长期演出,我的雄心壮志也完了。"①

也许时间只是静止不动,而我们每个人都在流逝,一天天长大,一夜夜变老。忽然就有那么一刹,忆不起朦胧岁月里的秋月春风,找寻不到壮志满襟的天下西东。苍老仿佛只是一个瞬间的醒悟,而这种醒悟打乱了所有循规蹈矩的平淡,扰乱了本以为心平气和的执念,醉生梦死一华年,不羡鸳鸯不羡仙。

孟小冬这次病倒,修养了将近一年。不能想象,常年纠结于病榻之人心中不可比拟的滋味,年华空逝,韶华已误,单薄的身躯支撑不起满心的梦想,曾经以为有无数的时光可以挥霍,有风姿万种的感情等待邂逅,有人世间无数的可能在心底召唤。却不曾想待到鹤发暮年,也只能坐在雕花窗前,就着一碗黄连苦药,祭奠尘封书卷中的秋水长天。

秋去春来,浸泡在药汤中的身子终于悠悠转好。1937 年农历初一晚,孟小冬以一出《黄金台》小戏在吉祥戏院唱大轴,一出小戏也就一个小时未到,饰演主角的孟小冬一共只唱两大段二十来句。当时京剧低迷,很多名角儿都要加戏加场以吸引观众,加之大年初一的大好良宵,除了铁杆戏迷谁都不愿在守岁之后再进戏院听戏,上座率往往奇低。

上天带走宿命里一部分运气,总会偿还在另外的故事里,也许名,也许利,也许是顺遂行走波澜不惊,也许只是一柄纸伞的记忆,流淌过月下的荷衣。孟小冬身体孱弱,出场率不高,却场场卖座。这场大年初一的小戏,竟然卖了满堂彩,连走道小径都坐满了翘首以盼的戏迷,真可谓是菊坛上多年难见的奇迹。

孟小冬虽为坤伶,却攻老生,画着浓妆戴着黑三髯口,一副沧桑之感,毫无花旦之色相袭人。她虽是名伶,性子却孤傲脱俗,与人交际极少,满座之盛

---

① 引自许姬传:《谈我所知道的孟小冬》,载《京剧谈往录续编》。

也绝非私人捧场。大年初一赶来的观众，都是为小冬精湛的技术所折服的戏迷票友。那时的孟小冬，真可谓是唯我独尊，举世无双，如日中天，红极一时。

远在上海的杜月笙，一直惦念着孤独一人东奔西跑的小冬，在1937年的暮春，以黄金大戏院重新开张的名义，邀请孟小冬与章遏云、陆素娟三位名噪一时的菊坛佳丽同赴上海剪彩。三位姐妹都有各自悲惨的身世命运，在开往上海的火车上一见如故，各诉衷肠。

也许民国的女子最为痛苦，西方自由恋爱的思想冲击着她们，如同仙台美景一般的诺言蛊惑着她们，可时代依然缓慢前行，身上仍有多少桎梏多少枷锁。那时的女子，都有着芙蓉出水的美貌，兰心蕙质的才华，风华绝代的她们看似拥有风华绝代的爱情，未曾想结局竟然是流离失所，孤苦无依。

也许坤伶有着一般人不可言说的悲伤。翩若惊鸿，婉若游龙，气质美如兰，才华馥比仙，却总被认为以色事人，毫无尊严可说。爱情来去全是他人的游戏，被伤害也是天的注定。她们心甘情愿以一生飘零换一份白首不相离，却总是误入烟尘，找不回蹒跚的曾经。

章遏云字珠尘，晚年号"珠尘馆主"，自幼由养父母抚养成人。幼年学戏便

从左至右：孟小冬、姚玉兰、章遏云

引得赞扬无数,博采众长,扮相秀丽,台风端庄,被评为"四大坤旦皇后"之一,真可谓澄妆影于歌扇,散衣香于舞风。然而她细腻的心思却一直在戏中长大,以为世间男子都和梦里一样风度翩翩,情深意重,却忘记了现实残酷在没有一枝画笔蘸满那油彩来粉饰所有的太平。她嫁与北洋军阀倪嗣冲之子倪幼丹,断绝了与所有朋友的联系,连在庭院中闲坐也有人持枪日夜看守。巨大的压力让她无比渴望高墙之外自由的蓝天,以及舞台上肆意挥洒的青春。在亲朋好友的帮助下,她借故逃离看守,乘车逃往大律师门前呼救,却被身后跟至的警卫举枪恫吓。此事一出,轰动一时。最后仍是由法院调解离婚,走出了那个令人窒息的金丝笼。

陆素娟则是一位窑变名伶。所谓窑变,借瓷器幻化之故,形容女子由妓转伶者。素绢自幼家境贫寒,幼年被送往茶楼当丫头,在茶楼刻苦学艺,学三弦唱民谣,一度颇受欢迎。素绢长大后茶楼倒闭,无奈被一家自称为开游乐场的客人买走,没想到误入青楼。性子倔强的她宁死不屈只求一死,后被老板相救,答应她只做艺妓绝不卖身。再后来在青楼唱折子戏的素绢被人挖掘,专攻梅派戏,人又生得极为漂亮,美艳绝伦,被观众捧称"女梅兰芳",竟然红透半边天。最后嫁给了盐业银行总经理王绍贤,找到了终身依靠。战火纷飞时毅然走上抗日前线,加入战地演出队做出自己的贡献,世事弄人,最后英年早逝,凋落在抗日的烽火硝烟之中。

1937年5月1日,迁址至上海市中心八仙桥的黄金大戏院举行开幕典礼,张灯结彩,鼓乐喧天,各界来宾两千人余人,济济一堂,蔚为大观。整个开幕仪式上,最引人注目的还

陆素娟

是为大戏院剪彩的三位颇受欢迎的女演员：孟小冬、陆素娟和章遏云。戏院主人这一打算颇别出心裁，一般会邀请达官显贵、名流要员的揭幕，他们反其道而行之，延请三位社会地位并不高，人气却颇旺的三位女演员，反而获得一致称赞好评。三位女士国色天香、惊艳绝才，在全场潮水的掌声和无数的注目下落落大方、仪态万千地登上舞台，为开幕式剪彩。

剪落的绸花散落在时间中消撒，新起的戏院业已凋敝垮塌，曾经的貌美如花如今在轮回中挣扎。用红尘作伴换一往无前的代价，我们无法算尽凋落一树碧云烟雨的冬夏。当年你窗前静静开放的一树梨花，我离开后，被谁的素手折去天涯？怀拥万里江山如画，终日只对寒日无言西下，多少六朝兴废事，尽入百姓闲话？

陆素娟有"天下第一美人"之称，丁秉鐩还说"谈艺首推雪艳琴，论色唯有陆素娟"。不过据另一位已故名剧评家薛观澜称，谈到姿色，首屈一指的还是孟小冬。薛观澜是袁世凯的乘龙快婿，观戏看人涉足花丛多年，他说："就观澜所得见的，当年有美貌之称的名坤伶，如清朝末年的林黛玉、陆兰芬、王克琴等；民国初年在上海的张文艳、露兰春、琴书芳等；在北平的刘喜奎、金玉兰、雪艳琴、陆素娟等。以上10个美人，除露兰春是文武老生之外，其余都是旦角，而她们的姿色都不及孟小冬。"[①]

如此风华绝代的孟小冬，却入了须生，在舞台上扮演不见女性温婉的长者老翁，让她的美丽只能台下瞧见。也许这也是缘分，正是扮演豪气冲天的男子，才让她清绝冷艳，不趋炎附势也从不卑躬屈膝，也正是在用油彩长须遮去如画般的眉目，才让她免去多少不怀好意的打探与注目。

孟小冬收拾好支离破碎的心情，对世事淡然处之，既然爱情已过再不可追，何苦一人在过期的誓言和求而不得的欲望中苦苦挣扎？她看淡了喧嚣尘世，开始一段新的生活。这段生活里，不再有为梅兰芳苦不堪言的等待，不再有为一个名分低声下气的追求，只有姐妹、知己，以及遗世而独立的自己。

---
① 引自《梅兰芳与孟小冬》，李伶伶著。

第二折　余韵凝晖且悠长

　　我们在广袤的时空下，奔波流离，离了又返，来去匆匆。曾经路过多少渡口，却找不到一朵可以相送的花。折下的柳枝被随意丢弃在河水的第三条岸边，纵使归于尘土，都无法打开命运的枷锁。岁月的河流奔腾向东，路过我们时，从不回头。而我们又要路过多少个岸边渡口，才能够见花花不语，见水不见愁？

　　孟小冬上了无数的船，走了无数条岸，经过一个又一个的渡口。同行的侣伴来了又走，却没有谁真正地留在了生命中。都是一晌贪欢的过客，却无五蕴皆空的佛，摆渡一只扁舟，让有缘人离开这七情六欲轮回的苦楚，于百花深处化为红梅一枝。

　　可是墙角红梅也需要有风絮暮雪的陪伴，还要有那清冷的素手，将它好生折下，度去那青花净瓶中颐养一生。也许小冬命中也有一双白净素手，却带着枯骨逢春的魔障，日夜摩挲，将小冬化为一支玉簪，带有灵动的生气，潋滟的波光，秋水的风骨，春风的颜色。小冬就在这一日日小心翼翼地打磨之中，将光芒收敛，化为温润的莲荷，从不染纤尘。

　　这双素手的主人，叫做余叔岩。在小冬的生命中，总有人说梅兰芳的分分拆拆，离离乱乱。也总有人说杜月笙的情深意重，经年痴守。说到余叔岩的时候却惯于一笔带过。孟小冬是余叔岩的得意弟子，如此而已。然而良师有再造之恩，余叔岩对于小冬绝不仅仅五年教导如此而已。他曾是她的向往，而她则是他的结局。

我们需要在武陵的潺潺溪流边信步多久，才能望见桃花源的一树芳菲尽？需要在冰冷的蟾宫之中心凉多少碧海青天的夜晚，才追悔不该偷取那灵药一枚？我们曾以为会在云雾缭绕的山林古寺下顿悟入禅，或者在疾风骤雨中恍然出尘，可凛冽的改变未像我们希冀那样发生，压死我们是一根稻草，从来都不是一片森林。天不度我，自度之。很多时候都会出现生命对我们的召唤，我们所需要做的，只是回应这些呼唤。

总在日落时分惧怕夜的黑，仅仅因为我们不懂深夜的一颗心。如果有机会看见月色倾泻，碧玉万顷送千里的光景，便会觉得，白色天光下无处遁形的丑陋与龌龊，竟然隐藏在这飘渺的尘世之中，而我们再也看不见，只留下在墨色中对月抒怀的快意恩仇。我们也在繁华的百花深处拒绝万物的凋谢，生怕残春败景如同人生一般萧瑟忧伤。可如果能够看见其实一切发生的未发生的都是尽善尽美，便会明白，花开花谢，聚散离合，到最后什么都没有发生。问婵娟，月晴月阴为谁起，问歌者，潮起潮落为谁吟？

孟小冬幼年的琴师孙佐臣曾经伴随谭鑫培、余叔岩很长时光，孙老元先生闲暇时刻常给小冬说戏，如此几番，小冬的戏路竟往谭余一派变化，好在那时"无声不学谭"，算是顺应潮流。而沉寂多年之后复出时拜的师傅鲍吉祥先生，更是作为引路人，带她领略余派唱腔厚重深远的味道。

只是某一个刹那的心动，小冬萌生了拜余叔岩为师的想法。这个念想转瞬即逝，却如同刻刀一般在她心底不知名的地方划下了记号，终其一生都未曾磨灭。对艺术的追求如同小冬此时对生

余叔岩于范秀轩中

的眷恋，希冀不断便命不断，一根深锁将她的魂魄关进朱楼，没有达到至臻的境界，不会放出生天。

老天却从不是如此慈祥悲悯的存在，他仿佛有一种恶趣味，给你森森古木前，会给你泥泞险滩；欲给你霞光万丈，先赠你乌云满天。似乎只有这样，他才确定谁有资格获得不轻易示人的宝藏，如同爱，如同美。一次缘分尚觉浅，两道三道的刻骨铭心才能在掌心留下一丝淡漠的痕迹。

小冬第一次想拜余叔岩为师，是刚和梅兰芳成亲时。彼时她如同关在金屋里的雀鸟，无比向往屋外的世界，却只能在一隅望见春天临近的消息。余叔岩的堂会曾让小冬顶替了去，让他颇无颜面可言，还在为这个小黄毛丫头生气，未曾想如此之快便成为了梅兰芳的妻，想来自己的离去也是成人之美，都是巧合机缘。小冬央求梅兰芳带她去寻余叔岩上门讲戏，红尘误人，余叔岩身体不适又不愿意上门相教，落花有意而流水无情，此事便搁置了下来。

师生缘分也许就此结下，一个万字结在红尘中翻滚越来越大，翻滚过一炉便做春江都是泪的爱恨情仇之香，化作一捧独自凄凉人不问的心字成灰，又点燃了一束自在飞花轻似梦的执念。

愈挫愈勇好像是戏文里的神话。红尘里月明星稀，无人述怀，预见了天明时注定的分离，就连沐浴晨曦的勇气也失去。小冬却向黎明奋力跑去，从小巷的深处一路拂花而来，柳叶被她穿过之后四散而开，留下暮色将晚的身影。

1934年，余叔岩已经名动京城，位列"三大贤"。孟小冬彼时常演余派戏，言菊朋指点她："我没有资格收你做徒弟，只有余三爷（叔岩）文武不挡，可以教你，你的嗓音条件和戏路都和他更为接近。但余为人孤僻，我无法为你介绍。"[1]

孟小冬便到处托人代为说项，眼见小冬确是一块璞玉，余叔岩深觉难得，有心收下这个女弟子，没想到他的结发夫人反对，只能作罢，推脱以身体虚弱，不堪授教。

---

[1] 引自《梨园冬皇——孟小冬传》，徐锦文著。

孟母三迁才为孟轲寻得一方净土，刘玄德三顾茅庐才请得卧龙下山相助。大抵万事万物都有规律可循，一次缘起，二次渊深，三次才终得圆满。孟小冬耗费了十五年时间，才接近她的心之所向，如同方外之人，执拗在芳草鲜美、落英缤纷的大地上一跪一拜，叩响对远方佛祖的敬畏，一身风霜，满心欢喜，终路虔诚。

说来缘分如同梨花树下翩跹的一只雪蝶，你想要抓它的时候在手中溜走，刹那间毫无踪迹，却在不经意间落花满肩，蝶绕飞舞。孟小冬能够拜余叔岩为师，却不是正式上门请教，而是在一次平常聚会的席间。

小冬某天在北平参加杨梧山的宴席。杨梧山和余叔岩一向私交甚密，此次小冬便碰见了心仪已久的余大贤，十分欢喜。余叔岩一直称梅兰芳为"兰弟"，孟小冬仍与梅兰芳为秦晋之好时，余叔岩便惯于称呼小冬为"弟妹"，不察光阴的呼啸而过，以为此人此景，依然和前番并无二致。余叔岩在席间接连称呼小冬为"弟妹"，小冬虽心有不悦，碍着资质尚浅并未反驳。

宴会上有相熟的人笑着对余叔岩说："你看小冬对你敬佩得五体投地，她现在可是南北闻名的红角，还不收下这个徒弟！"余叔岩却仍只是笑笑说："小冬算是我的弟妹，我怎么能收她为徒呢？"也许只是心存遗憾的小冬，却让这句话勾起了悲凉之感。她不过是一枚人间羁旅客，以为身后的包袱中暗藏的故事已经留在了上一个路口，却未曾想，故事的味道从此纠缠她一生，如影随形，再也无法被外人分辨出各自的眉眼。

她似乎想起了上一次被余叔岩称作"弟妹"的时刻：新婚的大红映射在每一株草木之上，阳光反射在檐瓦上的柔和金粉也是为他们庆贺，而周围的错落山色、纷杂人影都似乎被月色镀上了一层朦胧的清辉，远远的看不清面容，也自然看不清真相。都这么多年过去了，自己还要背负那个代表了屈辱悲伤的称呼，是否就算时过境迁也无法得到自由？便带有几分赌气地说道："不收就说不收，什么弟妹不弟妹的。"余叔岩这才醍醐灌顶，是啊，那时的一双璧人现今却已分道扬镳，余叔岩连忙向小冬道歉，表示他并非不愿收徒，只是他内人去世，小冬一介女子，来往家中多有不便。杨梧山听闻此话，便说："那就你每天到我家来，给小冬说说戏吧。"余叔岩被众人磨缠的无法，只得答应了小冬的要求。

小冬颇感意外，又满心欢喜，往事纷至沓来，她如同做了一个经年悠久的梦，在梦中她孑然一身，行走在没有尽头的小路，半生痴缠，一世牵挂，不过都化作了路边的潇潇雨歇。没有希冀的时刻，堂前穿过的春风却和暖暧昧起来，周围烟柳画桥，豁然开朗。众人连忙在杨梧山家里燃起香烛，简单的拜师仪式就此举行。

此后两三年，孟小冬常往来于余府、杨府之间，时常听余叔岩断断续续地给他说戏讲腔，却没有完完整整学过几出戏。1938年的十月，余叔岩正式收了李少春为徒弟，传其衣钵。孟小冬便趁热打铁请余叔岩、杨梧山等人在泰丰楼补了两桌酒席，对外公布他们正式的师徒关系。是故，虽然梨园界公认孟小冬晚李少春两天正式拜师，李少春却要称呼孟小冬一声"师姐"。①

就这样，小冬开始了立雪余门的漫长时光。她的身影留在了余府高高的围墙之内，而她的年华，也老在了书房"范秀轩"里。也许对捱过一生的人来说，五载春秋如同上穷碧落下黄泉一般，耗费多少眉间悠然的婉转，日夜风飘万点正愁人。可是小冬花了十多年风雨中的跋涉，才站在了余叔岩的面前，只为听他一句点醒她梦境的话。

李少春和孟小冬同时进门，却有着截然不同的性情与结局。余叔岩教习十分严格，一个转身勒马的动作往复数天才合乎要求，一段念白的平上去入、阴阳尖团都要从头调教。余叔岩严禁学生上台唱未经过他教习认可的戏，小冬在这点上颇为自持，她自从入了余门，数年韶华便基本不再对外唱戏，一心一意只是学艺。除非山穷水尽，才会献唱几天，稍有积蓄，便立马辍演。

也许这是她的坚持。她的艺术是她的生命。这种执着与坚持带了无数自我的烙印，将她圈禁在一笑一颦的尺寸中，就算如何婉转岑寂，也改变不了命格给她的束缚。她不愿意用艺术换钱，那只是留给她烟花堕落时自我安慰的筹码，

---

① 引自《梨园冬皇——孟小冬传》，徐锦文著。

弱水三千她一瓢也不饮,只求这沧海难为水时,远方岸边的一盏流光。这是她的指引,怎可轻易示于他人?

幸而她身后一直有坚强的后盾,杜月笙先生长年的关怀熨帖了她略显清苦的生活,时常接济足以让她安心求学。绵长的恩情世间难寻,如同石上流过的清泉,汩汩润泽了小冬冰冷干枯的心。她只能用数倍于平时的努力,来报答远方不得而知的挂念。

余叔岩收孟小冬为徒

也许李少春并无孟小冬如此的幸运,他身后有曾经恩泽于他的家人需要哺育。他潜质极佳,这也是余叔岩倾心的缘由,可谁人能有多少天赋用来挥霍?如同藏锋的宝剑,不时时在静夜里以菩提喂养,以明镜相邀,就只能锈迹斑斑,想要再次虎啸龙吟之时,却发现已经只结风霜,不见青芒,再也挽不出春风得意的剑花。

李少春迫于父亲等多方面压力,也仗着自己的年少才华,学得皮毛便不经余叔岩同意在外挂牌出戏,大出风头,没有闲暇系统地到余叔岩家中苦心修炼。不过他在这期间习得的几出戏,依然得到了余式的真传,于他戎装骏马豪情万丈的一生,无时不刻不福佑着他。

小冬却是不一样,世间如她有几人?在一条路上走得那么心甘情愿,仿佛看不见的镜花水月就在前方等着,那里良辰美景不曾虚设,风花雪月也不会凋零,了悟这一切的默然与安静,就足以化解路上的万千苦厄。也许在她不知道的光景,有人曾为她将小路铺平,一低头,尘土中一直有陪她绽放的一丛紫苏,一回首,岸边永远有等待渡她的一叶扁舟。

小冬在此时幸运地邂逅了一位德艺双馨的琴师辅佐,正是伴她数十年岁月的王瑞芝。琴师之于伶人，如同良驹之于良将。没有尚好的琴师相佐，伶人在台上犹如无边的混沌，跌跌撞撞，举步维艰。好的琴师对戏角儿来说都是可遇不可求的，调儿准节奏也稳当，和演员之间有着深深的默契，于危难时以己身作楫，乘一曲仙乐归来，度他们出困境。如果不幸相遇那关系不好的琴师，也会在台上故意做一些损人的举动，调高调门打乱节奏是小事儿，有时候更会伤身倒嗓。

缘分便是萍水相逢定生死。你懂我的托付，我赠我的相依。孟小冬在友人处听闻言菊朋的琴师王瑞芝手感颇好，为人谦逊又落落大方，便邀请来为她吊嗓，也许只是朋友间的笑谈闪念，却改变了两人此生的人生轨迹。小冬见王瑞芝不仅琴艺绝佳，心地也颇为善良，言谈间十分投缘，从此便开始来往合作，直到冬皇前去台湾定居之前，王瑞芝都在为她操琴。

一襟斜风带了悠悠飞旋的落叶，拂到了潮湿的土地上，如火的枫叶仿佛燃烧了大地波澜不惊的心，将落枫揽在怀抱，就算白云浮现又抹去，杜鹃驻足又别离，都无法更改大地的决定。因为孟小冬的推荐，余叔岩也非常欢喜，让王瑞芝做了他的兼职琴师。

也许，最包含深情的日子看起来最简单无比，叙述从来都有心无力，难拾旧年风雨。孟小冬带着琴师王瑞芝，每日来往于余叔岩家学艺，不管春去秋来，寒来暑往，他们的生活循规蹈矩，好像从未有一丝波澜。

每日下午，王瑞芝骑着自行车前往东四三条的孟小冬宅中，为小冬吊三首曲子，一同进完晚餐稍事休息，便出门前往宣武门外椿树头条的余叔岩府中。余叔岩喜晚睡晚起，黎明方休，晌午才起。此时的余府内正是客人众多，灯火通明之时。余叔岩在王瑞芝悠扬的琴声下吊完嗓，客厅里便开始热闹起来，有人交流古玩书画，有人谈话逗养鸽子的心得，直到午夜方才逐渐散去。而此时，小冬的学习才刚刚开始。

余叔岩教戏十分严格，一小段念唱常常要重复百余遍方算及格。铺天盖地的压力让余叔岩的弟子们喘不过气来，像谭富英、李少春等都未能顶住这形影孤单的厚重，然而小冬却以纤弱的肩膀，支撑了五年的时光。走过这一片滩涂，便是开阔天空的豁然开朗。

余叔岩曾经淡淡地对小冬说起："我传授你的每一腔每一字，都已千锤百炼，也都是我心血结晶，千万不可擅自更改。"星光璀璨，这几个字却是重如千钧，让小冬在一路风尘中守护了一生。除此之外，其他经验心得也尽数传授给小冬等人，诸如上妆后用一把热毛巾一敷便可使油脂吸进皮肤，脸上便可显得柔而嫩，舞台效果便会十分可人。

孟小冬在北平居住时将全部精力投入到艺术中，立言画刊的记者当年写道："冬皇无一日，无一时不为艺术而奋斗。素日对任何事均颇消极，遑论婚事。曾一再表示个人志愿每谓绝以演戏为终身职业，抱独身主义孝母养亲，不作其他之想矣。此种清高之人格，实良可钦佩。今日鬼蜮之社会，求诸如孟之伟大女性，鲜矣！"[1]

到底是余叔岩成就了孟小冬，还是孟小冬弥补了余叔岩？谁都说不清。五年师徒机遇，便是向上天借来的缘份，一切发生都如行云流水，传得佳话，留与后人听。

第三折　心丧无以报师恩

"我们的相遇早已前世注定，却不知彼此姓名，那我可否留一杯温暖的清茶端坐此处等你相寻，对你轻道一声'茶凉了，我再给你续上吧。'"可喝过那一壶

---
[1] 引自《立言画刊》1941 年 146 期《名坤伶访问记——孟小冬》。

忘情水，纵使相逢应不识，如何能够等到你归来的消息？所有的分离都有征兆，只是从来都固执地选择视而不见。淡白的莲荷已经绽放在蝉鸣的柳边清池，我们却仍在挂满蛛丝的紫藤架下等待春天的消息。

我们在年轻时搏命换一朵花开的未来，却日夜交错，生生耗尽泥土的芬芳，那微薄的养分竟已不能支撑我们到凋谢的时刻。伏笔早已埋下，余叔岩年轻时学戏耗去太多精力，二十岁出头累极便尿血，晚年经检查为膀胱癌。也许他的岳父，青衣泰斗陈德霖先生对他的谆谆教导正是他一生的写照"戏班里有句古训，叫做'一个戏子，半个和尚'。你既然想当角儿，就要懂得如何珍惜自己的身子和嗓子，除非你别干这一行。"[①]

余叔岩既做了这一行，也当上了角儿。前半生自负盛名，沉溺情场，吐血倒嗓，不得不放弃喧嚣舞台，终日在家静养。后半生得此教诲，保养身体，用功苦练，拜谭鑫培为师，技艺大进。最终傲然站立在中国菊坛的顶端，与梅兰芳、杨小楼并称为"三大贤"，是那时中国老生、旦角、武生的最高艺术水平。余叔岩名震京城，蜚声大江南北。却于四十岁不到便日渐衰退，声誉日隆也无法拖慢他走向凋零的脚步。花团锦簇、掌声雷动的年华，如同一句句讽刺，让他翻开下一页篇章时，早已做好肝肠寸断的打算。

余叔岩1937年便想去医院根治尿血之症，几番考虑之后去往北平级别很高的德国医院求医问药，德国的医生史大夫确诊余叔岩罹患膀胱癌，却表示不用开刀，用仪器"吸出"即可。余叔岩十分感谢他们的救治，还亲自书写"救我垂危"的匾额赠予医院。日后余叔岩被确诊为恶性肿瘤，医生惋惜地表示如果早年开刀可以痊愈，而德国医院"吸"的反复刺激，竟然给了毒疮生长的力量，终于变成了恶性。原本花开正盛的年纪，最终随着疾风暴雨一同腐朽，尘埃落定。

也许我们不应对生命过多刺激，人有意便意无穷，如同拼命三郎的生活，也许会打破延宕一生的平静与富饶。向上天祈求多少，也会还给地府多少。人

---

① 引自《梨园冬皇——孟小冬传》，徐锦文著。

只是平衡的影像，一旦锦字成灰，心字香烧，厚重的天平向一边倾斜，大厦倾塌之时便是我们挥手告别之际，再无轰轰烈烈开放的可能。

余叔岩感到身后有双追赶着他的眼睛，从不曾移开目光，饱含冰冷的意味让他寒意泠泠。他要让他的生命以某种方式传递下去——不顾身患沉疴，夜以继日向小冬传授自己的平生所学。有时为了示范某个动作，强忍病痛，浑身冷汗。

孟小冬一生至情至性，最重伦理情分。她跟着余叔岩学戏的五年时光，正是余叔岩病重危急，缠绵病榻的时光。余叔岩沉疴住院，小冬日夜侍奉，衣不解带，汤药不断，至诚之心让余叔岩终觉在悲哀虚幻的人生梦中，也有真实存在的温暖。两人互怜互相，五年如一日，成为彼此的依靠。

我们在缠绵的病榻上会想些什么？听暖春的梦回莺啭，等初夏的莲铺满塘，看暮秋的落叶红黄，守寒冬的温暖火光？也许这些都不重要，唯愿和心心念念的人儿携手相伴，永远，永远也没有分离情殇。

我不知道余叔岩在病床上会想些什么。有一个故事却带着冷冷的一地冰霜。被诊断患有恶性肿瘤之后，余叔岩在协和医院让医生开刀

孟小冬在寓所看报纸

将肿瘤切除。在手术前余叔岩颇有些紧张，主治医生用带有广东味的国语安慰他："请您放心好了，毒瘤割了之后，手术肯定会成功，您又能登台演唱了。"叔岩不谙粤语，这段话听了个一知半解，误以为大夫想听他一段清唱，便支撑起病重的身体，放声歌唱："平生志气运未通，似蛟龙困在浅水中。有朝一日春雷动，际会风云上九重。"①

---

① 引自《梨园冬皇——孟小冬传》，徐锦文著。

余叔岩虽然用尽全身力气演绎出这一段西皮慢板，嗓子却暗哑无华，带着颤抖，却包含无数感情。他在手术前已立好遗嘱，这是他在用一片丹心唱响的人生绝唱！孟小冬和余二小姐面面相觑，却无人敢上前告知他是听误会了，等余叔岩勉强唱完这四句，周围谁不知这是他荒凉心境的描摹，可大家都心酸地鼓掌叫好，小冬更是泪流满面。

余叔岩一生跌宕起伏，幼年成名、吐血倒嗓、年少患病，沉寂良久之后枯木逢春，在舞台上绽放了不过十余春秋，便无以为继，即使努力梳妆、光彩照人，也只能是强颜欢笑。病情三起三落，最后终年躺卧于病床之上，全赖亲朋与小冬尽心照顾。这一切可不正是平生有志，却命运未通，好似那一条蛟龙被困于浅水之中。他多么希望手术能够拿掉那一团毒疮，顺便拿掉终日的不可惶惶，待醒来，有朝一日春雷轰隆，他便可风云际会直上九重。可是他却忘了，说这话的祢衡，在击鼓骂完曹操之后便被放逐，辗转各地终被黄祖所杀，年纪轻轻英年早逝，至死没有等来飞上九重天的机会，为来鹦鹉洲边过，唯有无情碧水流。

孟小冬（右一）、李少春（左）与余叔岩合照

可是他的不甘，他的辛酸，他心头不去的怨与憾，他一生的苦学与声名，都浓缩在了这四句当中，他勉强小心翼翼地唱着，仿佛稍微大点声音便惊醒了一生漫长荒芜的梦境。

余叔岩出院后在家静养，只在家授徒为继。病后的愈合十分漫长麻烦，全赖亲友换管擦药，医院的助手上门消毒清理。血红的祭礼来临之前，总会有一段看似安宁而有希望的时光。他的精神尚好，还能偶尔到大门口站一站解闷。琴师王瑞芝仍每日按时来为他吊嗓，朋友们都祝贺他重病回春，早日重返舞台。

谁都忘记了，或者是不愿意提起，阳光有时会从层层密云的天空中投下一束微暖的光，照射在心底便以为是春回大地，旭日东升，可是屋外仍旧寒风刺骨，漫天飞雪。一切美好的愿景都在不远处等待，我们却已丧失行走的力气。手术是成功的，只是恶性肿瘤如同我们念念不忘的伤痕，稍微碰触便在不经意的地方想起。

1943年春天，余叔岩病情突然加重，时而昏厥，尿血不止。在面对死

晚年孟小冬向祖师爷及师傅行跪拜礼

亡时，上苍从不会怜惜庇佑谁。一代宗师奄奄一息地躺在病床上，和所有的病翁老叟一般，冷冷清清，凄凄惨惨。孤雁飞过蓼花汀，谁人知我芳华尽？而他总好过那些于孤零零在暗夜中逝去，挚爱血亲都未曾见到最后一面的人，他夫人带着三个女儿，爱徒孟小冬以及其他几位至交好友，一直守候在床前。

生命终要交还于岁月，杜鹃啼血，声声不如归。1943年的5月19日，余叔岩药石罔效，撒手西去，终年54岁。

余叔岩逝世的消息震惊梨园界，梅兰芳含泪亲书挽联送往公祭现场，李少春中断正在演出的剧目，脱下戏装，一路大哭奔到灵堂。而余叔岩的继室姚氏夫人搀着年仅六岁的幼女惠龄，来到灵柩之前，放声痛哭。她失去了终生的依靠，女儿幼年失怙，未曾长大成人便没了父亲的庇护。姚夫人跪拜遗像之后，于众人面前烧掉几大包余叔岩的遗物，那不是普通的衣裳旧物，而是一本本余叔岩祖传的戏本曲谱，戏艺笔记等凝结他一生心血之物。姚氏认为既然是生前喜爱之物，死后也要拿来陪葬，陪着在奈何桥那头的叔岩，走夜路依然有戏可

大声歌唱，永不寂寞。

其实姚氏不乐意孟小冬进门学艺，总是疑神疑鬼，带有酸朽的醋意嫉妒，没想到在余叔岩死后，"叔岩在生前自己没有烧，也没有关照要留给谁，我们家又没有学戏的后人，所以我这样做天经地义，也省得落到别人手里。"[①] 这里的"别人"，正是指的孟小冬。姚夫人或许不知道这些秘本笔记的艺术价值，只带有偏执的妒意才宁愿字字成灰，也不想小冬得到它们。

小冬只是痛哭不已，先师已逝，而师傅的心爱之宝又被付之一炬，天大地大，竟无艺人心血的容身之处吗？她哭着师傅的离去，也哭着多少日夜苦练得来不易的心血在大火中纷飞成灰。也许她也是在哭自己，何不就如同这手稿一般，有人疼惜追捧时，如同一枝傲雪怒放的红梅被路人赞叹美仰，然而东风会拂过枯骨枝头，吹向花心里的一点柔弱，坚强的防备瞬间土崩瓦解，终于化成了驿路断桥边的一地落梅，碾成尘霜。

余叔岩的音容笑貌早已散落天涯，幸而他在有生之年，遇见了一个孟小冬，他的一生绝学，终有人继承了过去，在没有他的世界里，继续以他的姿态，讲述一折未完的故事。

他可安心去了，世间终有人以一曲广陵散为他超度。

梅兰芳亲自书写的挽联是：

缔交三年，远武同绳，灯火华堂，赞乐独怀黄潘绰

阔别七年，赴书骤报，风烟旧阙，新声竟失李龟年

张伯驹先生挽联：

谱羽衣霓裳，昔日偷听传李谟

怀高山流水，只今顾曲剩周郎

[①] 引自《梨园冬皇——孟小冬传》，徐锦文著。

张先生晚年曾将这幅挽联改写成七绝诗一首：

十年一梦是终场，死别生离夺泪眶

流水高山人不见，只今顾曲剩周郎

半老书生的挽联十分特别，上下句镶嵌了余叔岩最得意的两位高徒"孟小冬"、"李少春"之名：

久病亘秋冬，小部衣冠传优孟

及门著桃李，少年湖海吊残春

而孟小冬的挽联是：

清才承事业，上苑知名，自从艺术寖衰，耳食孰能传曲音

弱质感飘零，程门执贽，独惜薪传未了，心丧无以报师恩①

没有哪几个字能够比小冬的"心丧无以报师恩"更加哀痛凄婉，心中无限伤心事，尽在深深两拜中。她仿佛站在人生的路口，清晨的雾滴漂浮在泪眼朦胧之前，挡住了前路的广袤无垠，云雨春色，她一缕香魂幽幽无限愁，找不到一方渡己归去的扁舟。

自从余叔岩一朝故去，天人永诀，孟小冬便心灰意冷，深感悲哀。也许她想她什么也留不住。唱尽芳华又如何？跋涉千山万水也换不回远远的顾盼一眼，悠悠生死别经年，魂魄不曾来入梦。

她从此无心唱戏，耗费五年时光所学，却从此才华闲抛，但为君故，沉吟至今。那时候的北平家园陷落，乾坤颠倒，国之不国。奸佞在历史恢弘的舞台

---

① 引自《梨园冬皇——孟小冬传》，徐锦文著。

上粉墨登场，扮作了跳梁小丑却丝毫不知。百姓只能在兴亡之间叹气，叹一片大好河山尽入他手，叹三生瑰丽梦境都作己愁。

故国三千里，抗战满八年。梨园弟子白发新，也用自己的方式守着一片老无所依的春天。有懵懂的，今生无觅，如那些唱着莺歌燕舞粉饰太平的伶人们；有明志的，蓄了胡须，如那梅兰芳从一介华丽青衣成了拉渣的画家；有执着的，送了性命，如那陆素娟在不知名的山区阵前魂断芳华。

小冬以"为师心丧三年"为由，谢绝了歌场，深居简出，从世人眼中慢慢淡去了身影。有人指责她浪费了立雪余门的五年时光，本应该重振"冬皇"的风华，让余式艺术以她开始发扬。可是艺术只是艺术，不是营生。

也许她心冷如水，一片惊艳绝学又如何，获得天下赞誉又如何？如同他的师傅，连命运的指尖都摸不着，更别提抗争来一片安宁，只能够黯然接受，所有强加于他的病痛和失去。她也就沉吟至今，不愿再发出美妙的声音。

也许小冬苦练寒冬酷暑，并不是为了一枝独秀争春色，那些艺术只是储存在她的心里，一点一滴哺育着她日渐荒芜的内心，终有一天能够让满天的尘土开成烂漫的花季。这些都是她自己的一池秋梦，再空洞抑或残酷的时光都偷不走也拿不掉，只由她自己在这风雪霜姿的眉间烙上一抹胭脂红记。

也许她只是累了，倦了。经历了多少大风大浪，生离死别，她已经不是之前那个连续演出数十场也不会疲倦的小冬，也不是那个为赚包银而勉力支撑的小冬。也许她只想安稳地活着而已。

她徒然地向萧条山水伸出双手，想要抓住什么。可是一切就如同烟云从眼前飘过，如何能在手心握满一捧水流？暮秋澄澈，袖断人散，屋舍下灯花耿耿欲曙天，而那黎明却依旧黑暗，依旧寒冷，仿佛从来没有一轮朝阳，抚摸石子上青灰的人影，看夜露深重。各人有各人的归宿，我不必牵挂，但愿我也从不曾读懂。

第四折　广陵绝唱辞冬皇

讲什么雄心欲把星河挽，空怀雪刃未除奸。英雄生死离别遭为难，只能无语问苍天："问苍天万里关山何日返？问苍天缺月儿何时再团圆？问苍天何日里重挥三尺剑？"[1]

铁骑踏尽黄河岸，刀枪响遍五岳巅。多少失血的经脉穿过微风，砌成此恨为长城，驻守中华儿女最后的信念，我们可以失去故国的明月三千里，可以失去家乡的盼望数十年，但是绝不会失去寒夜中一颗盼望自由的心，纵使风霜满面，纵使血流满地，我们都依然站立，绝不会被打倒。

所以我们从不曾被打倒。八年的兵荒马乱沉寂了莺歌燕舞，满目的天朝风云掩埋了霓裳羽衣，艺人拿银枪换铁刀，弱不禁风的肩膀扛起送给前线的一袋袋粮草。隔了多年的辛苦路回望过去，那时的山清水秀、月色满眼都变得模糊不清。红尘的磨难了断这次劫数，结果也许是一时的欢喜，后面接踵而来的坎坷依然遍布需要走的路，那段岁月却能够焚之取暖，四散的火星在眼前炸开，飘散出弥漫青烟的希望。

日本天皇投降的录音传遍了神州大陆，人们用沾满火灰和鲜血的双手掩面痛哭，失去了慈爱祥和的老迈父母，失去了相濡以沫的知心伴侣，失去了嗷嗷待哺的儿女，这一场胜利满目疮痍。抗战结束，生活依然在继续，家国仇恨被

---

[1] 引自《京剧汇编》，北京市戏曲编导委员会编辑。

孟小冬照

遗忘在漫漫黄沙之中,回到田野乡间如何耕种出新鲜的幸福,而在织布梭梭中怎样将苦难织就成华锦?苦难与幸福仿佛一根而蔓的两生花,在一样的泥土芬芳中滋养出各自的风华。

孟小冬自余叔岩故去之后心灰意冷,虽然立雪余门五年时光,一身技艺从未展示于人,却从不肯在舞台上吟唱老师一字一句纠正过的唱腔,似乎那恢弘的词句里,隐藏了余叔岩灰败的面容,憔悴的容颜,生长在小冬的心里,一唱就和着脂粉的香气飘散开去,最后消失得无影无踪。直到日本投降之后,她才与一度弃绝舞台、荷锄务农的程砚秋合作,通过广播电台向全国播唱《武家坡》以示庆祝。

王宝钏苦守寒窑十八年,夫妻相认容貌难辨。中国儿女坚忍抗战也八年,日夜兼程盼望相见。孟、程合作的消息传出,让沉寂在金戈铁马那喧嚣嘈杂中的人们颇为振奋,翘首以盼。可是常年日夜颠倒学习艺术的生活让小冬病体缠绵,体力不支,临时不能参加演出,只能请杨宝森代为演唱。为表心意,她依然抱病来电台,勉强唱了一句导板"一马离了西凉界",就不堪重负离开电台回去休息,由早已准备好的杨宝森接唱,与程砚秋完美无缺地唱完此剧。

随之而来的1947年农历七月是杜月笙六十大寿,年岁的增长让乱花渐欲迷人眼的生活变得日益清冷简单,有什么是不能够失去的?杜月笙已见惯世间冷暖,人心的善恶复杂远超他的想象。他已经六十了,花甲之年仍然在大上海的十里洋场,回顾这峥嵘一生,又留得下多少动人的传说?不过是一曲清歌一曲梦而已。他回想起多年前杜祠落成典礼,盛大的堂会如同他的传记,在这片阳光普照的土地上口口相传。六十大寿,再书写一次良辰美景,遗忘那些深重的苦难，只留下光风霁月的辉煌。

可如此多事之秋，蒋公逼迫至深，手上的权利如井中月，掬水即散。奢华铺张的典礼，又要被有心人非议吧。时年两广等地又发水灾，民不聊生，哀鸿遍野。杜月笙借此机会改寿宴堂会为祝寿赈灾义演。

杜月笙照拂小冬已多年，此次他六十大寿义演，于情于理，小冬都不能不来。她提前数月便千里奔波来到大上海，住进姚玉兰的府邸，着手准备祝寿的戏码。在昏黄的孤灯下，仔细考量唱什么戏码才合适，王瑞芝操琴，谁又来司鼓呢？谁配她的武生，谁做她的花旦。也许深知自己的身体已经到了强弩之末，上台演出的精气也已沦落天涯，这人生的戏，唱一出戏少一戏。杜先生对她有知遇之恩，照顾之情，就让她阔别千山之后，再用台上多情换一季韶光。

祝寿赈灾的京剧义演，原本只有五天，可国恨家仇方散，百姓心中涌动的情愫无处安放，多少名伶在中华沦陷时挥别舞台，此次终于出山。戏迷们一票难求，于是大部分戏码连演两日，一共演了十天方才落幕。

十天义演，孟小冬演了两场大轴，梅兰芳上场了其余的八天大轴，巧妙地被深知孟小冬的杜月笙错开。一对曾经的梨园金玉良缘，近在咫尺，却再未相

《搜孤救孤》、孟小冬（右）饰程婴，裘盛戎（左）饰屠岸贾，赵培鑫（中）饰公孙杵臼

见。梅兰芳有戏份的八天，孟小冬借称无戏从不到戏院，而中间的那两天，梅兰芳也借故回家，事后他的管事姚玉芙透露说，梅先生在家听了两天电台的转播。人世繁华落地空，有多少秘密发霉在无人照看的角落。

9月7日晚，阔别上海舞台已有十年之久的孟小冬终于准备登台，唱响一曲《搜孤救孤》的深情悲歌。《搜孤救孤》故事悠久而绵长，据《史记》改编的元杂剧《赵氏孤儿大报仇》便是古代十大悲剧之一。为了一时政权更迭，多少残暴之手伸向无辜幼童。程婴及公孙杵臼，一个舍子，一个舍命，终于救下赵氏孤儿。此出剧经余叔岩精心加工，反复锤炼，成为余氏的代表作。

余叔岩离世已久，作为余式传人，研习五年之久的孟小冬几乎从未登台演绎，于是此天戏院门口万头攒动，交通瘫痪，不得不出动警探维护秩序。杜月笙关照此次义演不允许向演员个人赠送钱物，只以捐赠花篮折价，一只花篮50万元（当时米价30万元一石），各界人士赠送给孟小冬的花篮排在戏院门前的牛庄路上，足有1华里长。有人一送就是10只、20只，更有甚至，出手阔绰，一气送了200只。戏票早已被抢购一空，就连马连良想听戏都没法弄到票，最后临时请经理在二楼过道里加了一张小凳子，与他人共坐，已是心满意足。难怪当时有戏迷说："这种盛况，恐怕就连她的老师余叔岩、太老师谭鑫培到上海来，也是望尘莫及的。"[①]

大轴戏《搜孤救孤》登场之时，观众早已情绪高涨，小冬扮演的程婴一出场，便获得了满堂喝彩。也许小冬此时的心情一如月色空明，她是谁，谁又是程婴？唱戏的欢呼声到底是在看谁？是余叔岩的遗愿，还是杜月笙的情面？有多少人仅仅是来看她孟令辉而不是作为京剧冬皇孟小冬？在灯光照在自己身上的一刹那，突然有了一丝恍惚，这就是我的舞台，我终生为之奋斗努力的舞台，我如今安稳地站在这里，台下的欢呼声在遥远的星辰旁震颤，穿不过厚重的帘幕，传不到我柔软的一颗初心里。

也许是这么一恍惚，小冬的厚底靴竟然略微侧了一下，这一侧如同沁冷的

---

① 引自《梨园冬皇——孟小冬传》，徐锦文著。

月光，穿过暮遮碧落，依然清寒如碎琼乱玉扑地，将她从人生的半梦半醒间浇醒。她定了定神，一点绛唇，"屠贼做事心太狠，三百余口赴幽冥"，全场寂静无声，而她只沉浸在眼见孩童无辜见阎王的怒火中烧，又无能为力的悲凉之中。这一夜，她以她的飘逸自如，温润高扬的强调，扮演她自己的程婴，救她未曾逝去的梦境。

字字珠玑，时而大珠小珠同落玉盘，时而铁骑突出刀枪争鸣，时而别有忧愁暗恨声，时而回眸的无声只胜有声。莫不是步摇宝髻玲珑？莫不是裙拖环佩叮咚？莫不是铁马檐前骤风？莫不是金钩双控，及叮当敲响帘栊？莫不是梵王宫，夜撞钟？莫不是疏竹潇潇曲槛中？莫不是牙尺剪刀声相送？莫不是漏声长滴响壶铜？似铁骑刀枪冗冗，似落花流水溶溶。似风清月朗鹤唳空，似儿女语小窗中，喁喁。那悲凉婉转的声响如同带着蛊，和着千年美酿，魅惑了所有的观众，醉了，醉倒吧，让我永远生活在这一场故国情殇，不要曲终也不要人散场。

然而再好的景总有荒芜的一天，再好的戏也有谢幕的一刻。是谁让所有的观众无处可去却又有了暂且安身的地方？好的演员犹如织梦者，将那闲逐桃花织成曾经巫山，将那水滴石穿织成沧海和田桑。曲终了，梦转醒，我们身处何方？台下掌声如雷，想见那小冬出台谢幕。那时京剧还未曾有谢幕的习惯，小冬在后台竟有一时半刻茫然四顾不知所措，最后杜月笙亲自从前台到后台去商请，才由公孙的饰演者赵培鑫陪同小冬便装出来，含笑点首作谢。观众方如饮琼浆，满意离去。

没有人会否认这是孟小冬生命中最重要的一场戏，余叔岩挚友孙养农认为"此曲只应天上有，人间哪得几回闻"。[1] 孟小冬沉寂多年，一鸣惊人，她的梨园冬皇的地位，再也无人能够动摇。

观众奔走相告，冬皇出山，名动天下。孟小冬此时年仅四十，正值盛年，曾经的沧海患难都如同第一炉烟燃起时，耳边响起琴音，却从未想到，青烟仍

---

[1] 引自《梨园冬皇——孟小冬传》，徐锦文著。

旧袅袅，却不见那在红尘月色下，轻舞水袖迤逦而来的佳人，那离去的一个回眸，那转身的侧影嫣然，竟成了延绵半生的痴缠。她在上海中国大戏院义演的这两场《搜孤救孤》，征服了万千观众，从未有人想到，这一曲竟成为了一代冬皇的"广陵绝响"。

一曲广陵散，半生嵇康憾。嵇康一路随洛水而下游历人间，碧螺青山，云雾缭绕，人世间的喧嚣纷扰都飘缈如烟尘，被水袖轻轻一挥，便再也不可得见。他执意往柳影云深处走去，看那一只桃花被谁的素手折下天涯，从此遗忘身后的细雨斜风。金乌坠落，却吐尽暗藏的芳华，浮光描金那一波粉黛往事，明晃晃的记忆让两岸的落花都暗恋了流水。嵇康在此间流连，不肯离去。

夜幕沉沉，竟无半点与青柳对愁眠的渔火，岁月沉静，月出又月落也不曾惊动啼鸣的墨乌，从濛濛的一江月色中划空而过，他在洛水偶遇的故身老人，竟在这月华亭内现身，一曲纷批灿烂，戈矛纵横的《广陵散》终被世人所知，嵇康却坚守与老人的约定，再未传授他人。奈何天妒英才，奸害忠良，嵇康终被司马昭所害，在东市的刑台上，他泰然自若，平生所憾，乃《广陵散》终成绝响！

孟小冬的这两出《搜孤救孤》，何不如同嵇康在刑台上激昂澎湃的最后一奏《广陵散》，韶华绝响成白头。孟小冬的一身余学精华，何不如同那《广陵散》，人世间再无它的身影，也无它的过错，只能在断肠绝句当中回味那初遇时的惊艳芬芳。

所有人似乎没有明白过来，为何小冬要如此抉择？她应该属于红氍毹，那里锣鼓喧天，需要她的沉静如水，如同远处的山，只要她在那里，就有了前行的方向，不管霜露入秋衣，还是醉客歌白苎，都会在疲累的时候，坐在车马不绝的阡陌石边，看那远山淡影。可这就是她的选择。也许是因为她"一戏之耗费精力太多，非体能所胜也。"[①] 也许仅仅是因为她累了，倦鸟欲归巢了。

这次义演，还带来另外一些意料之外的是非曲直。有那好事者竟偏偏传一些流言蜚语。希望梅兰芳与孟小冬合作《四郎探母》或《武家坡》一类的"对

---

① 引自《梅兰芳与孟小冬》，李伶伶著。

儿戏"，使二人重温旧梦，最好能够破镜重圆。当事人问心无愧，却有旁人心怀鬼胎。那一出情事，终究是留在了悠悠之口中，终生不得解脱。此事让梅兰芳、孟小冬乃至杜月笙都很狼狈。孟小冬性子虽然孤傲，却已历经坎坷，早没了年轻时候的冲动心性。念及梅先生及杜先生，她知道，一切故事，她回去北平便会结束，于饮水处的眼角嘴边，消逝在风中。

义演结束的第二天清晨，她便开始整理行装，与杜月笙和姚玉兰告别。杜月笙欲挽留却无法开口，只能让姚玉兰出面相赠许多珍贵的金银珠宝，愿她一路平安，不必为钱财所累，一直那样孤傲清高便是最好。

可是峥嵘一生的男子多不会懂得，天下寻常女子，最珍惜的不是那黄白之物，而是水滴石穿的情意。也许对于杜月笙来说，只要她要，他就能给，满足她的心愿是他奋斗半生的理由，此番她离去，他不能相随，只愿倾己所有，双手奉上。孟小冬岂会不明白杜月笙的一片情深，可是她不会接受，她只挑了一块刻有杜月笙姓名的金表作为纪念，其他皆双手推回。她此番前来，弥补了杜月笙前番祠堂建成时独缺余叔岩和孟小冬的遗憾，也替他扬了名。蛰伏多少寒暑的诺言，在这个故事也会开花的季节，破土而出，硕果红艳，顺着枝头随风而晃。

孟小冬就这样离开了大上海，离开了最后一次公开亮相的舞台。她将全身行头尽数送人，独留了一件饰演程婴时穿的褶子，聊做纪念。俞伯牙摔琴谢知音，她孑然一身别观众。

也许在最绚烂的时光选择结束，将所剩无多的余生换沉静杳杳的钟声，回响在所有人的记忆里，她永远温润柔和，永远惊艳绝才，不会美人迟暮也不会英雄末路。她不会让别人发现，金玉其外的儒雅才俊，内里却是孱弱不堪的娇怜女子；也不会有时光侵蚀她的容颜，不会有虫蛀哑她圆润婉转的嗓音，不会有尘埃污浊了她的声名，没有落拓，没有凋零。碧水滟潋，青烟云雨，在断桥的尽头，轻轻停留一个刹那，而那风吹裙裾，衣袂飘摇的背影，成为了她的传奇。

第五本
生是红尘悲欢尽缱绻

第一折　当时只道是寻常

离离原上草，一岁一枯荣。缘生缘灭，本身就如同草荣草枯，不会消逝也不会郁郁葱葱在远行人的梦中。蝶梦花丛丛中花，花恋寒雪蝶恋花。缘分如同一根剪不断理还乱的丝线，一直如影随形，却无法预见，也无法斩断。那些缘分到来的时光，我们从未察觉。只能在行将就木的暮年晚景，就一杯清茶，看一地落花，回味花心初见的时刻。一切的一切，都和平时并无二致，却在那一瞬间，命运生生转了弯，带向我们去往不可知的未来。缘起，在人群中，我看见你。

也许对于杜月笙来说，并不是他在熙熙攘攘的人群中寻见孟小冬，而是在人群中的杜月笙，一眼看见了舞台上绽放着耀眼光芒的她，再也没能移开痴迷的目光。

孟小冬一生传奇，有一大半的篇章要被这位"上海皇帝"所占去，而他本身也是中国近代史上无法回避的传说。

杜月笙，原名杜月生，后由国学大师章太炎建议，改名镛，号月笙，典出《周礼太司乐疏》：西方之乐为镛，东方之乐为笙。是近代上海青帮中最著名的人物，四岁之前父母双亡，少年时在一个水果店里当学徒，一步步走到了上海滩青帮的顶峰，被称为"中国黑帮老大"。他的一生叱咤风云，出入黑白两道，游刃于商界、军界与政界之间。他的一生极具传奇色彩，最终在中共与国民党之间选择中立，客死他乡，再也没能回去他魂牵梦绕的繁华上海滩。

那些兵戎相见的沉默往事，金戈铁马的峥嵘时代都远去了，记忆中的马儿再也无法嘶鸣，我们也终将老去。我们不谈杜月笙的是是非非，他的故国他的黑帮，他是土匪也好，他是流氓也罢，在孟小冬这里，他终究是那位她在十余岁初见的堂堂男儿，以一生的力量，支撑陪伴她走过喧嚣与坎坷，走过她的百媚千红，走过她的孑立茕茕，走过她的紫陌相逢，最终走到她的情之所钟。现在再回首相念，霜染白那如玉的容颜，却遥想当年，我的水袖翩跹，一身素衣惊醒了如梦流年。

杜月笙

时光的年轮转回到1919年，这一年的中国并不太平，然而五四运动的火焰似乎没有烧到偌大的上海滩，这里依旧盛世浮光，纸醉金迷。此时的孟小冬年尚豆蔻，在黄金荣的大京班里初出茅庐，竟于一月之内演出39场，剧目之多，同台伶人之盛，令人咋舌。而她也在这一场场戏曲当中，越来越红火。

一个平常的上海滩晚上，孟小冬在大世界上演压轴戏《击鼓骂曹》，饰演祢衡。所谓平常，不过是说似乎看起来和平常并无二致，一样的奔波，一样的化妆上场，一样的观众一样的剧目，似乎生活就该这么波澜不惊，每日期待被生活的惯性所抹杀，每个人都如同一只木偶，让命运牵着我们行动的绳索。

剧快终了，小冬亮一嗓子"纵然将我的头割下，落一个骂贼的名儿扬天涯"，场内的赞扬叫好声已是此起彼伏。小冬欠身退下，又是平淡如水，完完整整的一天啊。然而此时的观众席上，一位面目清秀却苍白瘦削的男子，出神地看向台上，好像这整个世界只有舞台亘古的存在，天下喧嚣具是安宁，碧落黄泉皆有生机。

心动的那一刹那无人能说清，也许只是现实的斑驳击中了我们储存的红尘过往，也许只是某种心有灵犀的尘埃蒙进周身的每一寸肌肤，也许只是瞬间无法模仿的氤氲景色和模糊味道惊醒了所有蛰伏的感觉。情不知所起，一往而深。胸怀天下，男儿抱负，不及怜取眼前人。平生只有双行泪，半为苍生半美人。一半还之天地，一半让将人间。

此时让杜月笙怦然心动的英气女子，将让了他半生人间，温暖了彼此残存的岁月。现在的相逢不过是平常的为才所动，知交零落。杜月笙除经营青帮生意之外，是一位人尽皆知的大戏迷，在菊坛里以乐于捧角而出名，对来到上海的伶人均鼎力相助。他戏瘾很大，创办资助了多个著名的票房，有兴致时也会登台唱上几段。他真心相待当时的艺人，惺惺相惜相互敬重，颇得伶人们的尊敬及拥戴。

看见了孟小冬的杜月笙，放弃听大轴戏的机会，准备好花篮到后台献给孟小冬。空间窄小的后台，人来人往嘈杂不堪，那时初见的他们说了何番话语，带了何种温柔的笑容，我们都不得而知。那是仅仅属于他们俩的初遇时光。也许杜月笙会用带着浦东味道的上海话向孟小冬问好，也许孟小冬会恭恭敬敬地回一个礼；也许杜月笙会夸赞小冬年少有为魅力四射，也许孟小冬会带有一丝羞涩又带有一股骄傲地接过他送来的花篮；也许杜月笙从此记住了孟小冬周身散发出的艺术光芒，成为激发他另一面的缪斯，也许孟小冬在今夜之后就暂时将他放在了脑后，许多年之后才骤然想起，便一生再没有忘记。

1925年的深秋，孟小冬已定居北京，举家迁往东四三条，大家正忙于收拾妥帖。一个毫无征兆的午后，突然来了一位不速之客。门房说外面有一位从上海来的先生想见大小姐。孟小冬正觉奇怪，男佣递来一张名帖，"杜月笙"三个大字赫然映入眼帘。这三个字带着兜兜转转的记忆扑面而来，顿时让小冬回忆起了那个初见的零乱后台。她心想，这么多年过去，听闻杜先生在上海大展宏图，颇有一番作为，却来找我做什么呢？

也许世事大多并无原因，情之所至，一时兴起，便欣然向往。一刹那的念动，会澎湃出无数的波涛浪涌，转瞬吞噬掉写好的命运华章，在广阔的生命中镌刻下再也无法擦去的痕迹。如果没有了那个如果，然后就再也不会有然后。

此番杜月笙进京，是奉师傅黄金荣之命寻找露兰春回沪。其实，露兰春离开上海还是杜月笙暗中调停帮助，没想到黄金荣此番要人，让杜月笙不得不亲自走一趟，以免出了娄子影响师徒情谊。想到孟小冬一家迁居北京，幼时又与露兰春交好，便想前往孟小冬住所碰碰运气。在偌大的北京城寻觅了几天之后，终于让杜月笙找到孟小冬的家中。

说来也是因戏结缘，北京古城里人疏地生的杜月笙，并不知孟小冬家在何方，甚至连她在哪里唱戏都不知道，只能在北京城里热闹的地方游荡询问，后来按图索骥找到大栅栏，听说这里热闹又有集中的戏院，便四处走走碰碰运气。功夫不负有心人，他在开明戏院门口见到贴有孟小冬的演出广告：

本院特聘一18岁名震中国色艺双绝超等坤伶谭派须生孟小冬。①

杜月笙十分高兴，铁鞋踏破无觅处，得来全不费工夫。这样等小冬前来便可以找见，他很想念六年前台上惊鸿一瞥的年少女娃，幼年崭露头角的她是否和记忆中的一样有着如水的眼神，以及灼热阳光的笑容？她是否依然在舞台上刚强坚毅，不带有一丝婉转多情；是否依然在台下倔强清冷，也有少女的羞涩和温和？

也许在我们看不见的地方，上天的公平体现得淋漓尽致。最美丽的风景前总有最崎岖的道路，不知是曲折的前方造就出一朵孤芳，还是在艰难旅程上挥洒的汗水，让我们舍不得认为，所拥有的一切竟是那样稀松平常。一枝杏花开在清明的寒雨中，便沾染了清丽的芬芳；一汪碧潭流淌在山间的松间下，古朴的皱纹在轻轻荡漾；让你怦然心动的所谓伊人，也宛在水中央，溯流而上的一

---

① 引自《梨园冬皇——孟小冬传》，徐锦文著。

路跋涉，让她带上了唯此沉醉的光芒。

上天在赠予你最美好的事物前，往往会先赠予一份最艰难的旅程。杜月笙等人在戏院门口等待良久也未见佳人到来，甚至连观众也未曾出现过。心急如焚的他询问下才得知，孟小冬和鲜牡丹前几日夜戏散场回家时，同时在路上被抢，惊吓之余负有小伤，演出只得临时停滞。

无计可施的他只得四处闲逛，这种不经意的闲逛又造就了另外一段情缘。杜月笙爱戏成痴，信步走到鱼市口的华园，此时挂牌的是小兰英和姚玉兰、姚玉英母女仨，为了打发时间，就买票欣赏小兰英母女仨的精彩表演。玉兰玉英姐妹的演绎给杜月笙留下了深刻的印象，色艺绝佳，唱腔做派皆有板有眼，就是比起露兰春也不会逊色多少。

每个人来到人间，都有独一无二的使命。也许壮阔伟大到拯救人民于水火之中，也许微不足道到温暖一只寒夜里迷路的猫。可是无论是卓越还是渺小，这个世界上总有那么一个人走过万水千山，走到我们面前，需要我们无法替代的存在；在这个地球上总有一方静寂的角落安置我们纷扰的心思，拥有安稳的幸福，无忧无虑，无惊无扰，一夜安眠好梦。

然而遍看人间天上，世事都不是单纯的一根线看到来往，往复纠缠的梦境从海底跨越枯桑，阅尽银河风浪。众人皆知孟小冬因姚玉兰的缘故，最后和杜月笙喜成连理，却又怎知杜月笙是为了寻找孟小冬才看见舞台上惊艳芬芳的姚玉兰呢？谁在前谁在后，谁是因谁又是果，现在看来已经不重要了。不经意的时空交错，缘分的烙印已深深地依附在每个人的骨血之中，再也无法挣脱。

人类狂妄，并不知一切皆是虚妄。也许只有这种时刻，才能体会到红尘之上翻云覆雨手的强大之处，所有人皆是一步棋，来去全在别人手心里，以为做得了世间的主，没想到每一次驻足，每一分留情，都是刻画好的迷局，横冲直撞头破血流也只是一场梦境。

杜月笙并没有放弃寻找孟小冬的机会，数天之后，终于等来了孟小冬等复戏的启事：

"鄙等不幸于阳历本月十七号夜同遭抢劫，杀人越货状极凄惨，不由令人痛哭，当时蒙我都父老，投函通电、纷纷慰问，相聆之下，曷胜感激，兹借今夕开演夜戏之便，特托开明代刊数行，略表谢忱，恕不一一踵谢。十月三十号。"[1]

杜月笙终于找到孟小冬的所居之处，便亲自登门拜访。孟小冬请父亲和师傅在门口恭迎杜先生，自己则在西厢房边上候着。六年未见，杜月笙比当年更加器宇轩昂，温文儒雅，而孟小冬也从一位浪漫天真的孩童成长为妙龄少女，当初名不见经传被黄金荣发掘的稚童，现在已在京城红透半边天。

时间是最让人捉摸不透的秘密，过往都被毫不留情面地流离，我们在如烟世海中，失去表象的自己，找寻生命真实的意义。追往事，去无迹。留在彼此脑海中的记忆，是否依然停留在空床卧听南窗雨，你依然着一身淡淡的布衣，伫立于落花满径，雁归万里，风霜未达玉关西。

再次的相逢让两人都有些怔忡，我见青山多妩媚，料青山见我应如是，情与貌，略相似。杜月笙看孟小冬屋里并无露兰春的痕迹，便缄口不提此事。只是问候了孟五爷，也极力夸赞孟小冬的功夫了得，扮相绝佳，让孟小冬等人都受宠若惊。

北京之行虽没有如愿寻回露兰春，却让杜月笙和孟小冬在彼此的心中留下了一颗种子，在合适的时候，这颗种子会汲取往事和情愫为养分，等待一场疏落的梅雨为契机，成长为一世漫天飘落的记忆。

有的人在你一生中是一个必经的渡口，一叶出没风波里的小舟，载满华丽或者悲戚的忧愁，我们溯流而上抑或顺流而下行走在时间的洪流，却无法摆脱宿命的节奏。相约在月初柳梢头，却未见我静然伫立在细雨翩跹的黄昏后，眼角的泪滴湿润了你的衣袖。知否？知否？当潇潇暮雨洒落天际洗清秋，我会路过你身后的夕阳栖霞楼。

---

[1] 引自《梨园冬皇——孟小冬传》，徐锦文著。

孟小冬和杜月笙兜兜转转，几番相识，几回相遇，又几次相离。也许有一天，彼此的一念之差，会让我们永远离开，后会再也无期；也许某一句话的错过，都会让彼此擦肩，再无邂逅的可能。幸而所有也许只存于想象，这个鲜活的世界里，还是拥有了烟火弥漫的俗世幸福。感恩所有造物者的恩典，如何的契机，才造就了荣华或者贫苦，走向彼此生命里的每一个步伐？是如何的期冀，让所有错过不再是过错，所有年华都铸成了绚丽华年？又是如何的奇迹，让我们在恰好的年岁，捧着恰好的梅花佳酿，站在了恰好的青石桥上，天上浮动着恰当好的雾里白云，彼此问候一句"原来你也在这里？"

孟小冬对梅兰芳爱的苦痛纠缠，爱的悔恨苦难，终于痛下决心放手让彼此心安。可是孟小冬伫立在人来又人往的大街上，何去又何从前路只漫漫。她在伸手不见五指的迷雾中，踽踽而行，摸索着，跌撞着，不见前路不见君。她能够做什么呢？伤害如砂砾，在看不见的地方折磨得她痛哭流涕。迷茫中受人指点，小冬只身前往上海寻找律师相助。

偌大上海滩，三千繁华场。这里是小冬土生土长的故乡，女儿归来时却已是历经沧桑。小冬伫立在黄浦江边看着永不停歇拍打岸边的波浪，心中仿佛吞下一盏苦酿，我能否寻回来时的模样，在人群中依然散发美丽的芬芳？无处可去的孟小冬，只得来到好姐妹姚玉兰的家中。姚玉兰经黄金荣的儿媳李志清介绍，嫁给了上海大亨杜月笙。就这样，后台送花篮的初始，京城匆匆的一别，杜月笙和孟小冬终再次相逢，之后他们之间的红线，越缠越紧，越绕越密，至死都未能分开。

小冬一身男装、面悲体弱地敲响了姚玉兰家的大门，看见好姐妹凋零憔悴，姚玉兰痛心非常，两人默然相拥。满腹无处可言说的委屈让小冬情不自禁地流下眼泪。意外见到孟小冬的杜月笙更是意外又怜惜。听那哭声似莺啭乔林，看她泪珠似露滴花梢。杜月笙在上海听说孟小冬嫁给了梅兰芳，总觉是一番金玉奇缘，没想到数年之后，两人分崩离析，各种奇闻轶事闹得沸沸扬扬，曾经青春飞扬的小冬更是身受重创。想到此番心中便不是滋味。

数月前，他在浦东高桥举办杜家祠堂落成大堂会，延请众多名角儿出面唱戏，三天三夜余音绕梁。四大名旦齐聚一堂，马连良、言菊朋、杨小楼等菊坛大腕儿也悉数到场，盛况空前。他亦请人北上向小冬当面送了请柬，后来堂会上除余叔岩因病未至，独缺孟小冬。

孟小冬（右）与姚玉兰

他还为此感到纳闷与不解。未曾想到数月之后相见，孟小冬已是另一番光景。

此番离婚事宜，杜月笙为孟小冬出力十分，在小冬脆弱的心里，这一位儒雅稳重，又仗义体恤的大亨，已留下一席之地。孟小冬看朱成碧，委屈自己看他人于婆娑迷离，丝毫不知自己也落入了别人的风景，杜月笙默默地走入了她的棋局。

在上海的这段时间，姚玉兰日夜陪伴着孟小冬，让她不要回想花开相聚、花落别离的陈年旖旎，因果轮回多少次，都不是孟小冬的过失，就算是爱梦一场也不能自甘放弃。人生有幸得知己，让我们不再畏惧月黑风高的夜夜岑寂，不再害怕春去秋来的斑斑痕迹，不再挂念桃花源里的淙淙清溪。

杜月笙更是在身后默默支持着小冬。无论是精神还是经济，小冬只要回头，就可以看见他的一袭长褂布衣，伸手能及。杜月笙听说小冬身体孱弱，胃病反复，对她的关怀呵护无微不至，遍请名医为她治病养气，调理身体。在孟小冬心中，这位大亨不像平常传说中的那么遥远不可亲近，反而像一位无私体贴的兄长、一位慈父，默默守护在她的身旁。杜月笙的照顾之情，知遇之恩，是她一辈子背负的情债。

爱是什么？不仅是男女私情的碰撞，不全是浮生一世的依偎相傍。而是就算夜寒风冷，也愿意为你敞开一扇幽窗，点亮那盏萤火，让你不再荒野中流浪；或者任前路坎坷茫茫，也要割下心头的血肉将你供养，目送你远去，去往我看不见的地方。大爱有如静莲绽放，不求追慕者炙热的眼光，在落花满地的古寺荷塘，舒展沐浴于清风自来的向往，还人间一份沁人心脾的幽香。

孟小冬忽然明白了杜先生对她的照顾与扶持，不是男女私爱的狭窄，也不是戏迷捧角的痴狂，仅仅是作为人生旅途难得的知己与侣伴，心底深处不舍得也不愿意她再如前番辛苦难堪，总愿意以一己之力，铺平小冬之后的人生道路，没有雨露风霜，也没有惊涛骇浪。而她也默默感激这历尽沧桑之后才得的俗世梦想。远在北平的她无以为报，唯今所愿杜先生一家福泽安康，且随他的愿望，重新上路，抛下所有悲痛的过往。

之后的几年小冬勤学苦练，在几位余门教师的悉心调理下，技艺大长，比年少时更加精进。于平津一带红极一时，如日中天。1935年，一直不放心小冬的杜月笙邀请她和章遏云、陆素娟一起前往上海，为迁址重开的黄金大剧院揭幕剪彩。剪彩仪式盛况空前，孟小冬的绝代风华也给观众们留下无法抹去的印象。

杜月笙见小冬已过而立之年，仍旧孤独一人，南北漂泊，心如止水，绝口不提婚嫁大事，心中颇为怜惜。孟小冬的结拜金兰姚玉兰来去间注意到杜月笙对孟小冬隐约的情意，未曾点破，只是心中盘算：小冬孤苦伶仃无家可归，杜先生这边在她之上还有三位妻妾，若是有自己一心的好姐妹帮衬，地位也会更加稳固一些吧。

剪彩之后，"七七事变"爆发，江山染血，土地悲号。民众的苦痛让孟小冬坐不住，留在了上海参加抗日活动，来往间多有不便，便接受姚玉兰的邀请住进了她的别馆。姚玉兰其实想暗中撮合杜先生与小冬，这次天时地利，被她寻得了机会。

如若不是某个机缘巧合，命运的凉薄是否还要让众人的相遇踟蹰多年？山河的破碎竟然成就了某些温暖的光阴。世事就是如此残酷无情，谁流下的泪水滋养他人的梦境？又是谁凄苦的悲号唤醒彼方残留的渴望？天地换色，搅乱一代人清净的车水马如龙，是否也促成了本该一醉方休的爱恨情仇？

所有这些都是假设，无可更改的每一须臾都是注定的曾经，镌刻在了悲欢离合的斑驳书页里，烙印在孽缘情债的时光旧锁上，每次回想都会落下思念成灾的青灰，踏不过的那条鸿沟名曰忘川。打开尘封的重重木门，发现缘分只是一段老而又老的光阴飞现，从来没有一种理由是注定的主宰，每一丝情愫，每一句话语，带着浓妆艳抹的痕迹，什么都抓不住，都是随心所欲的劫数。

也许没有神州大地的惨剧，也会有其他拈花微笑的惊喜，让他们两人在一起。他们手掌中的红线，从来都不是看不见的纤细。姚玉兰多番制造机会，孟小冬和杜月笙接触频繁，两人性格相近，心境想通，杜月笙的怜爱，孟小冬的偿还，两人便理所当然地在了一起。

国难当头，为抗日满心操持的杜月笙深感疲倦，决定转战香港进行活动，家眷悉数留在上海。顾念小冬孤独一人，很不放心，便同姚玉兰商量，让他们的小女儿杜美娟（杜二小姐）认小冬为义母，并且以杜镛的名义，在北平的顶银胡同购置一处小四合院，方便小冬和美娟往来京沪之间。此义女在小冬之后的漫长岁月中，成为了不可替代的温暖。

杜先生人前人后对小冬的妥帖照顾，与放在心底深厚的挂念，都让小冬冰冷的心开始融化，接受俗世凡尘的普通生活与幸福。谁能想到，总角之宴，言笑晏晏，兜兜转转三十岁月，你的抱负我的情深意切，这一切不过始于当年后台的匆匆一瞥，一眼便铸成永年。

谁念西风独自凉？看落花飞散水月旁，人世浮沉几番沧桑！只身夜徘徊，迷途江渚上，蓦然回首也相望。沉思往事立残阳，当时只道是寻常。红尘相逢，合欢淡影无惆怅，伊人红菡萏，郎君花底浪，随风逐雨长来往。百年之后，生死两茫茫，相顾无言，唯有泪千行。初见一声问候，还你一个微笑，这一段擦肩而错的过往，当时却只当是寻常。

第二折　此情无关风与月

　　草长莺飞，青凝微漾，谁又知道如今郁郁葱葱土地，在几百年前流淌过的碧血，承载起无数丹心英雄的挽歌？那些风吹来的故事，如同前夜星光的遗忘，功名昨日古战场，一枕梦黄粱。在时间的流逝和世事的变迁之前，任何人都无能为力。用鲜血和疼痛铸就的历史无法逆转，只能踏在生命搭起的道路上，义无反顾地前进。

　　在历史洪流前束手无策的人们背井离乡、卧雪霜眠，古今多少事，只能尽付笑谈中。选择迁徙，或者被迫放逐，这些变化悄无声息地发生在每一个人身边，我们却永远后知后觉，待到山青水复明之时，大势已更，熟悉的花繁锦簇变得陌生难以辨认，归来池苑皆依旧，太液芙蓉未央柳，芙蓉如面柳如眉，对此如何不泪垂？我们在千百年繁衍生息的土地上漫无目的地流浪，等待最后一丝安定的消息。

　　1948年的中国，风云突变，战事迭起。东北人民解放军攻克锦州解放了沈阳，而国民党数十万军队几个月间灰飞烟灭。北平物价飞涨，市场萧条，往来的街道上也没有几个行人，大家都惶恐不安，不知道前路到底是个什么光景。此时的孟小冬独身一人居住在轿子胡同的房里，这是她为了隐居而用，以她母亲"张云鹤"的名义盘下。这座宅子沉浸了冬皇悠闲的岁月，两棵新种上的香椿树幽静地立于窗前，以叶涛声声伴着寂寞的回忆。

尚有未尽之缘，犹负相思之债。这座宅子，几经易主，最后被德籍华人花映红女士购得，一生的缘分就此开始。花女士得知此宅为冬皇所留，便沿着柳花深处一路向前探往，最后竟成了孟小冬最贴心的观众。花女士坐在素窗下菱花镜前，和数十年前小冬的位置一模一样，看那香椿树春伺秋尝，以一支狼毫写这段无法遗忘的过往。

　　小冬终日在此宅中闲暇度日，韶华空留，似乎什么也没有留下，可冬练三九夏练三伏的岁月，辗转反侧寝食难安的时光，依然栖居于她的身体里。她时常闹胃病，茶饭难进，身体瘦弱不堪，每日无其他事可做，只有和几个牌友打打麻将，偶尔抽几口大烟过过瘾。很多事犹如天气，慢慢热起或者渐渐冷去，等到惊悟，眼见已过季。

　　我们都只是平常不过的凡人，无法做到像伟人一样跳出时间的洪流看清天下大势的去向，无法做到抛妻弃子完成舍生取义的宏图伟业，只是安心地蜗居于一方天地之中，操心每日的柴米油盐，关怀身边的父母子女，期盼太平盛世抚慰旅人孤苦的心，不再有夜不能寐的颠沛流离。这时候，东北的解放军已经乘胜入关，北平的形势岌岌可危，古城里的居民面对越来越紧急的局势，惊慌失措于战争的烽烟四起。

　　孟小冬有些六神无主，心绪不宁。局势到底是个什么光景，周围谁也不知道，报纸上统一口径轻描淡写，也未曾有消息从政府内部透露出来，全北京人心惶惶，流言四起，真假虚实一时难以辨别。北京城九城门每天早早就关闭，城门上下更是有荷枪实弹的军警把守，让小冬更加一筹莫展。

　　所谓日久见人心，患难见真情。一个人行走在偌大的一座城市里，以为这个城市曾经生动的风景能够换来平安欢喜，曾经熟悉的街道能够抚慰残缺心灵，曾经爱过的往事能够支撑一段又一段的路途寂静。然而华丽的旅行不过是粉饰毫无意外的结局，我们面对陌生不可预知的宿命，永远都做不到云淡风轻。

　　回首看来转瞬即逝的岁月，在经历时却是无比艰难。我们用一秒钟回忆起来的过往，尽是度日如年的煎熬，说起来轻描淡写，听起来毫发无伤，身处其中却是刀山火海、凤凰涅槃的醉梦一场。乱世凡尘，每个人都自顾不暇，有谁会怜惜远在天边的人？又有谁能够拉起深陷泥沼之中的你？孟小冬孤苦无依，望断天涯路，天涯路，也穷穷，穷尽何处是归处？

就在小冬一筹莫展的时刻，接到了结拜姐姐姚玉兰的挂号信，玉兰姐一片真心在信中，恳切地希望她能火速到上海暂居，避开北平的乱世纷争。被人记挂的滋味如同雪夜里踽踽独行，偶然望见悬崖边一处小屋不会熄灭的灯火微明，点亮失去明丽阳光的永夜，也温暖了如无暇冰玉的小冬。一股热流涌上心头，慰藉了因紧张而僵冷无比的身躯，也似乎让她一直孤傲清寂的心捂化了些许分毫，她在匆忙之中打点行李，准备启程。

乱世浮沉，有谁能够安然无恙？我们只是暂居在尘世间的萍客，来无影，去也无踪。山间草木林中鸟兽只是我们的伴侣，并非我们所用。也许做一个自给自足的人最好，不需向他人祈求怜悯的赐予，可以自由拥有男耕女织的安逸与满足，不出远门，远方的距离就用双腿丈量，抑或乘一匹马一头牛，慢悠悠的光阴只用来挥霍，不用来到达。

小冬准备启程前往大上海，北平和上海之间的山东江苏却开始了新一轮的炮火轰鸣、血肉厮杀，这就是后来闻名中外的淮海战役。这一战役解放了中国长江流域的广大百姓，却在当时硬生生阻断了常用的津浦铁路客运，塘沽海运也很不太平。小冬守着收拾好的行李，心急如焚，却只能安坐家中等待消息。她能够去往何方？何处才是她的家？辗转了多少日夜才做出的艰难决定，终于愿意跟随自己的心放弃固有的平静，就算前路无常泥泞，就算真心一片交予天命，也要逆光幻梦织一片素锦。

这一世，她从雪中走来，涤荡俗世尘埃；这一程，她红尘独徘徊，阅尽欢喜悲哀；这一次，她将前尘放开，终会绽放于漫天湖海。

一直孤独与命运抗争的孟小冬等到了知暖知热的依靠。正焦急为难之时，来了两位客人，却是杜月笙的门徒。来人不由分说便让小冬随之一起走。原来杜月笙得知沿途交通瘫痪多时，小冬出来不得，可留在北平实在让他放心不下，以中汇银行董事长身份，特地包专机派心腹前去北平接小冬到上海团聚。山之高，月出小。月之小，何皎皎。我有所思在远道，一日不见兮，我心悄悄。

天下女性都渴求这样一位伴侣，知情重义，心意相通，危难时关怀你的安危，兵荒马乱无计可施的时候，能够神通广大到虽千万人吾往矣，如同天降的福音，解救你于困厄之中。如此良人凤毛麟角，只有极为幸运的女子能够碰上。也许小冬前半生的颠沛悲苦，只是为了换来后半世安心的模样。

孟小冬到上海后，依旧和姚玉兰、杜月笙住在一起。他俩对小冬的平安到来备感欢欣，希望她就此把上海滩杜公馆当作自己的家，不要再远行，不需再流浪，这里有她的姐妹她的爱人，有她渴望的温暖也有她梦寐以求的希望。她冰冻已久的心随着她眼角流出的热泪一起融化。

是的，就算她不愿意承认，就算一直在舞台上扮演挥斥方遒的英雄俊彦，也仍是一样，一样是位端坐于俗世凡尘中的女子。她也会害怕寂寞，害怕孤独，害怕付出真心而不得所愿，害怕别离的痛苦，害怕永远都放不下的那个软弱易伤的自己。她依然向往真正的感情，向往真实有血有肉的生活，向往不用寒露孤立焚书取暖的夜晚，向往枕畔有人抚慰她一世悲伤的好梦一场。

说到底，孟小冬都只是那个别人对她一份好，她还之于十分心头血的小女孩。杜月笙和姚玉兰对她的深情厚谊，她一点一滴安放在了心底，午夜梦回时便悄悄拿出珍藏，伴随着日子的活色生香，融进灵魂的最深处。她对亲人好友表示由衷的感激，而她的感激并不是说来毫无重量的话语，却是背负于一生的责任。小冬终于安心留下来，平日与姚玉兰亲如一家，也悉心照料杜月笙的病体，从不离左右，外人看来已经俨然成为杜家一员了。

快乐的生活都是短暂的，我们只能在大悲大喜之间寻觅一处楼阁安放无法留存的白色月光。我们曾经以为只有浓烈的爱恨情仇最能体现宿命的色彩，烟尘霞光中的邂逅与流散才是人生永恒的主题。却最终发现夹杂在眷恋与遗忘之间的沉静善良，才是安之若素的幸福时光。

孟小冬住在杜家的平静时光被势如破竹的解放军打乱。所有繁华落尽，想必到头来都成烟雨，随花谢，随月弯。1949年初，天津北平相继解放，国民党军队溃不成军，损失大半，而中共百万雄师横渡长江，直指南京国民党的总部，国民政府在刹那间土崩瓦解。内忧外患之下，上海的形势一天比一天严峻。

乱世之中凡人能够明哲保身已是幸运非凡。我们无法看得那么远那么透亮，想要保护的人就在身旁，三分情的过往，抵不了与爱人的遥遥相望。平生奋力厮杀，起伏跌宕，不过唯愿枕边人福寿安康。缘聚终会散场，如果能有选择，我选择亲人安稳的陪伴，而不是一丝渺茫的家国希望。

蒋介石已经做好了退守台湾的准备，而他需要一批跟随他的能人志士，杜月笙便是其中一位。蒋单独召见了杜月笙，动之以情晓之以理，希望他能够认清天下大势，国民党的势力已然消散，而中共却如同一轮初起的朝阳。如果杜未能及早携带全家离开上海迁往台湾，共产党掌权之后怎会放过作为上海土皇帝的他？

这些道理杜月笙不是不明白，只不过世事并非只有黑白二色，感情也并不仅有爱恨两种。杜月笙当晚在杜公馆里沉思良久。留在上海，蒋不会允许他"变节投敌"，中共也不会原谅他当年屠杀革命烈士的滔天大罪。章士钊等人信誓旦旦向他保证——如果他留下协助中共恢复维持上海地区的秩序，便可以将功折罪。但终究是生活里的一根刺，难免何时便会被人掏出刺向自己的心脏。可跟着老蒋前往台湾，也不是办法，这么多年来，老蒋对自己如同"夜壶"，用完了就往床下一塞，已是吃尽了苦头。到时候离了上海滩这个圈子，无可奈何地寄人篱下，再无自由和前途可言。

此时的他已不是多年前上海滩的孤儿杜月生，一人吃饱全家不饿，风餐露宿也不觉辛苦，来去自由毫无牵挂。杜家全家二十口人，贤妻美妾，爱儿娇女，忠心耿耿的总管家，生死相随的门徒部众，哪一个是能够放下的？谁的身家性命不是和他系在一起？放不下身后血脉相连的亲人，动一发而伤全身，此时此刻，他不能不慎而又慎！几天几夜的反复权衡，杜月笙最后还是决定走！但这一走并不是跟随老蒋去台湾，而是前往中间地带的香港避风头。那里可进可退，看看苗头再另作打算。

就这样，杜月笙做好了万全的准备，在上海留有门徒，一并通知全家要迁往香港避难。杜月笙家已是今非昔比，抗战胜利以后赌场烟馆全部被迫关闭，坐吃山空，一些结余也被朋友借光，如今光景不再，风烛残年，前路茫茫，吉凶未卜。

孟小冬、杜月笙在香港

一个人就决定了众人此生的光景，顺遂或者起伏跌宕，都仅在于他的一念之差。我们都是木偶，致命的绳索绑在一双双看不见的手掌之上，轻微的扯动就粉身碎骨。我们别无他法，在人世间疲于奔命，纵横交错的阡陌荒废了一生又一世姹紫嫣红的春日宴。最终根植于何方，安眠于何处？能否再次看见故乡四月芳菲尽天涯的美景？能否再次听闻故国悲伤清婉的夜歌？能否再次遇见尘缘相识的故人故知？

此行道阻且长，全家上下，心思各异，众人都有些慌张无措，大概是想起抗战时坎坷的避难时光。孟小冬则略微有些尴尬，虽然她提前得知了这个消息，依然有些左右为难。她背井离乡，离开老母亲人，只身前往上海，本以为可以暂时避得安全，却没想到半年未到，又要逃往更远的远方。香港不比上海，不是想回去北平就能够回得去的。她又不是正式的杜家人，这样不明不白地跟着，算是什么事呢？

一方面杜月笙多年来对她的情深意重让她无法弃之不顾，加上上海朝不保夕，北平也暂时回不去，那就只有相信老杜的判断，跟着他一起前往不可知的未来。就这样，收拾妥当之后，1949年4月，孟小冬跟着杜月笙一家人浩浩荡荡地乘坐荷兰"宝树云"号客轮匆匆驶离了她的出生地——上海滩。杜月笙没有想到，孟小冬更没有想到，此番离开，他们俩至死也未能回到祖国的怀抱，

黄金荣扫大街

看一眼翘首以盼的亲人，亲吻那故国朝思暮想的泥土芬芳。

临走时，杜月笙向已是八十高龄的黄金荣道别，黄金荣到了耄耋之年，风烛残年的老人只愿落叶归根，不盼颠沛流离，多年兄弟就此诀别。形销骨立的杜月笙在孟小冬的搀扶下，绕着上海华格臬路的杜公馆慢慢绕了一圈，两人黯然神伤，此生，不知道还有没有机会回到这里。

当客轮缓缓顺着黄浦江水驶出长江口时，似乎已经听到了上海城外围的枪声，也看见了曾经热闹的高桥镇杜家祠堂。杜月笙站在甲板上，留恋地看向三千红场上海滩，那曾是他的家国他的故乡，此生再也无法归来的梦里薄凉。一切繁华如梦的往事都成为了过眼云烟，刹那间沙场征战换回花下浅眠。一叶兰舟，便恁急桨凌波云。贪行色，岂知离绪。万般方寸，但饮恨、脉脉同谁语？更回首、重城不见，寒江天外，隐隐两三烟村。今昔一别，一别永年，苍山负雪，浮生尽歇。

山一程，水一程，夜深千帐灯；风一更，雪一更，故园无此声。辗转良久，杜月笙等人到达香港，住处已有人租下，是套三室一厅的房子，位于坚尼地台18号。这小小的一间房，就是杜月笙在香港的杜公馆。妻妾儿孙、管家佣人挤得满满当当，相比于上海的杜公馆，真是不可同日而语。杜月笙此时已病入膏肓，精神体力都不及当年，如今环境萧瑟，心情郁闷，他早已失去创办产业养家糊口的雄心壮志。就这样一大家人坐吃山空，经济上的压力让这位曾经挥金如土的大亨不堪重负。

我们行走在人间，背负太多本不愿背负的责任与担当，仿佛一只驼着重重甲壳的蜗牛，沿途慢慢行进，在何方酝酿情感，又在何处安身立命？杜月笙的牵挂太多，爱妻，美妾，红颜知己；娇儿爱女，养子养女；师傅门徒，心腹手足……这一切是他一生的羁绊。然而也正是这一切俗世间的美丽情怀，让他有了烟火气息。

此时的坚尼地城18号并不是一个安稳和谐的所在。当家的主人病重，其余人口众多，难免生出间隙。杜公馆犹如一潭死水，阳光照耀进来也毫无生气可言。大门一关，各自为政，不像一大户其乐融融的家人，反而像凌乱的小杂院。就连吃饭都各有各的吃法，小冬胃不好，素爱西食，便在自己的小房间里就着牛奶吃些西点。杜月笙则是一晚烂糊面端到病床上，姚玉兰则在房间里吃些水饺，再在客厅开一桌招待客人。① 看起来都光景衰败，忧郁岑寂。

海上旅行让杜月笙的病症一天天加重，看护老杜的重担自然落在孟小冬身上。小冬一生孤傲清绝，对自己的身体毫不留意，却独独对杜月笙体贴入微，汤药侍奉从不假他人之手，悉心调理，让病重的杜月笙感到了莫大的安慰。香港气候潮湿闷热，于他的哮喘病并无益处，时常犯各种病痛。陪伴左右的孟小冬看见被疾病折磨的杜月笙难受的样子，强颜欢笑，哼唱起旧时拿手的曲段，博杜月笙眉眼暂时的舒缓。绿杨烟外晓寒轻，红杏枝头春意闹。浮生长恨欢娱少。肯受千金轻一笑。为君持酒劝斜阳，且向花间留晚照。两个人就这样紧紧依靠在一起，享受着夕阳如血的天光。

小冬陪侍杜月笙到香港之后，虽然在他面前强作镇定，神色自若，日日得见，却也花容憔悴，消瘦不堪，眉宇间未曾有舒展的时刻。卓尔不群的她性子坚毅冷淡，从不过问任何公馆里的事情，看不惯的事情就随之而去，内心却无法随波逐流。她好像又回到了多年前年少的时光，永远只有一个人在苦苦挣扎。有时静坐在没有阳光的小房间内，也会苦苦思索，为了报答杜月笙的知遇之恩，姚玉兰的关怀之情，背井离乡颠沛流离，孤身一人来到这人生地不熟的香港，到底是正确的路还是错误的选择？她幸福吗？

---

① 引自《孟小冬：氍毹上的尘梦》，万伯翱、马思猛著。

也许她自己也不知到底幸福了吗。台湾作家章君毅在《杜月笙传》一书中这样写道："孟小冬身怀绝艺，孤苦伶仃，一辈子傲岸于荣瘁之际，数不清受过多少次打击，用'历尽沧桑'四字，差堪作为她的写照。她自杜月笙60岁那年进门，长日与茗炉药罐为伴，何曾有一日分享过杜月笙的富贵荣华，何曾有一刻得过杜月笙的轻怜蜜爱，因此，乃使杜月笙的病越重，便越觉得自己着实辜负了孟小冬的一片深情。像孟小冬这种卓尔不群的奇女子，让她踏进杜公馆这么一个紊乱复杂的环境，长伴一位风之烛般的久病老人，对她而言，实在是一件很残酷的事情。"

杜月笙和孟小冬之间称之为夫妻感情，更不如说是人生知己和伴侣。两人心境颇像，体会得出旁人难懂的思绪和愁苦。杜月笙明白孟小冬的苦闷，因此他对孟小冬一向的敬爱也慢慢变成了怜惜，却不敢表露出来。虽说小冬在台上唱着"娘子不必太刚烈"，然而"菊残犹有傲霜枝"的小冬愤怒于他人投射给她的同情与怜悯。杜月笙把这种怜惜变成了对孟小冬的关怀礼敬，人前人后若孟小冬有任何要求，他便忙不迭地着人照办。

杜月笙旧时便在伶人界里德高望重，此时携孟小冬一同抵港，马连良等人便经常前往杜府做客，加之琴师王瑞芝以及杜月笙的门生名票众人亦常来叙旧，家中数人也都是京剧爱好者，渐渐的杜公馆每逢星期五就会举行一次雅集清唱，冬皇孟小冬和四夫人姚玉兰都是台柱，其他参加者也是至亲好友，这样的聚会对孟小冬和杜月笙来说，都是一件极感快慰的事情。在众人的照顾下，杜月笙的身体略微好转，偶然兴致好时，也会走出病房前来亮亮嗓子。

此时的杜月笙似乎有了先前"海上闻人"的气派，家中娇妻知己将自己照顾得极为妥帖，外界事务也好事不断，台湾方面不断有人前来对他进行拉拢，大陆方面也秘密来人暗访，希望他尽早回归故里，过去的事情既往不咎。这时候的杜月笙依然觉得可以再观望一段时间，仍然摇摆不定。

然而没有人能给他这么多时间。错过了时光的渡口，再也不能回到灵魂的故乡。多次游说不成恼羞成怒的国民党高层，获悉杜月笙一直左右不定的原因竟然是暗中与大陆有联系，便开始针对他恫吓威胁。彼时在香港的杜月笙无意间看见被家人藏起来的《上海新闻报》，一眼瞧见黄金荣扫大街的照片，顿时五雷轰顶，脸色铁青，不知是为旧友惋惜，还是庆幸自己逃过一劫。在这种进退维谷、举步艰难的尴尬局面下，杜月笙暗觉香港也成了是非之地，不宜久留，只能够远走高飞，走为上策。

杜月笙选择美国作为最后的所去之处。那里气候宜人，冬温夏凉，很适合他的病体休养。于是他叫齐全家人一起，计划需要

杜家在香港 前排左起：孟小冬、杜月笙、姚玉兰 后排左起：杜美娟、杜美如、杜美霞、杜维善

申请多少张护照，孟小冬冷不丁地在旁踟蹰地说了一句"我跟着去，算使唤丫头呢？还是算女朋友呀？"① 小冬一直胸襟坦荡，看不过去的事情忍忍罢了，不发牢骚也从不嚼舌根，这句话却让在场的所有人为之震惊。

我们每个人都有软肋，世间的荆棘伤害到我们，我们只会落寞孤苦地向后退去，而退到无法再退的地步，只能淡淡地说一句"为什么"。有的人执念于某些物品，比如悠闲午后远方寄来的一封长信，抑或冬日素窗前的一瓶含雪红梅；有的人追求激扬文字，挥斥方遒，站在山峦的顶点坐拥万里江山；有的人心魔于某个清扬婉兮的人儿，三生石上许下的诺言喝了孟婆汤也不会遗忘，相约定百年，谁若九十七岁死，奈何桥上等三年。

孟小冬也有自己的软肋。她和梅兰芳的情事就败在"名分"之上。不清不

---

① 引自《孟小冬：氍毹上的尘梦》，万伯翱、马思猛著。

楚的岁月，妻妾不分的地位，最终葬送了最美好的年华。她还依稀记得离开梅兰芳时掷地有声的话"我今后要么不唱戏，再唱戏不会比你差；今后要么不嫁人，再嫁人也绝不会比你差！"如今故国不国，远离家乡，又要跟着他人去往一个陌生的国度，此生再无法魂归故里，到底是为了什么呢？到港一年多来，她侍奉杜月笙如同当年师父余叔岩一样，煎汤熬药，不离左右。虽然杜月笙对小冬倍加怜爱，但至今没有一个明确的名分，名不正言不顺地跟着他再度离开，心里总归不踏实。

一个名分并不能解决什么问题，但也许孟小冬能够就此心安。她不再是一个人，她终于可以光明正大站在一个男子身边说，我是他的亲人，我是他的爱人。沐浴在阳光下的爱情将所有前尘往事一笔勾销，照耀进结疤的暗疮，驱散一切黑暗苦痛，释然曾经犯下的错误，弥补心之所念的遗憾与向往。

孟小冬说出这句盘桓在她心中良久的问话，脸上淡淡的什么也看不出来，声音淡淡的什么也听不出来，却如同一枚炸弹响彻在杜月笙耳边。是的，他和孟小冬辗转缠绵多年，从未想过这个问题。他们俩是好友，是知己，也是亲人，是爱人，有什么能够比给予彼此一份安定更为重要？杜月笙如梦方醒，并当众宣布：申请护照的事暂时缓一缓，先和孟小冬结婚。

此语一出，满屋皆惊。杜月笙已是年逾花甲，油尽灯枯，缠绵病榻，说话都断断续续要说上好一会，这句话却如同从他心底冒出来一样，带着灼热的激情，如此掷地有声，铿锵有力。外人看来，杜月笙和孟小冬早已成夫妻，杜的孩子都称呼孟小冬为阿姨，这个事实无人否认，又何苦在此兵荒马乱之际，家中钱财难以为继之时，费财费力做这样一件事情呢？

杜月笙却不顾家人的阻挠，坚持要与孟小冬举行一次婚礼。也许是他曾经目睹过被名分打击得遍体鳞伤的孟小冬，不想让她恶梦重现；也许是他感念小冬一直以来的不离不弃，只要是她的意愿，都会去满足。他只是要求孟小冬答应他的一个请求，自他去世后，就不要再登台演出了。小冬点头称好。

杜月笙高兴地吩咐管家万墨林，在家中摆上几桌好菜，请至交好友都过来热闹热闹。万墨林亲自在九龙饭店订了10桌档次最高的菜，并请九龙饭店的大厨师到杜公馆来出菜。那晚，已是形销骨立瘦弱不堪的63岁新郎杜月笙下了几乎离不开的病榻，穿着一新，坐在轮椅上被推到客厅，由人搀扶着站在客厅中央。42岁的新娘孟小冬穿着一件崭新的滚边旗袍依偎在身边。杜月笙的子女也认了孟小冬做"妈咪"。那一晚，"妈咪"孟小冬终于展露了难得一见的温婉笑容，她也许悲苦，也许不幸，也许在苦苦追求一些脆弱得不堪一击的东西，然而她终于得偿所愿，这是她的缘分，她的幸福。

孟小冬与杜月笙结婚照

两人成婚之后，感情更加甜蜜，杜月笙总是去往孟小冬房中吃她煎好的汤药，听她唱唱余派选段，再说些体己话。用周围朋友的话来说就是"嗲得来，交关要好！"（上海话，意为感情非常好。）① 可是如此对杜月笙的病症并无好处，引起了姚玉兰满心不快，本来相处久了，她和孟小冬共事一夫，总归有些芥蒂存在，这下她就更加不待见孟小冬。只不过小冬心里有分寸，恪守自己的本分，委屈挨挨也就过去了。

到底是什么造就了孟小冬如此隐忍孤傲的性格？也许是旧时女性逆来顺受的传统习惯，也许是她幼时便看尽人间冷暖，为了自我保护而竖起的城墙，也许仅仅是因为她不愿意随波逐流，保持了自我那强烈的意识，不受舞台上扮演的角色的影响。

---

① 引自《梨园冬皇——孟小冬传》，徐锦文著。

她从来就是一位沉默寡言、与世无争的女子，跟随杜月笙的时候，他已经不是如日中天的上海大亨，却是一位囊中羞涩的重病之人。在杜家因为她的气质眼界，与大多数人也合不来，却将这些愁苦都吞了下去。她感念多年来杜月笙的温暖关怀，知己相伴，便以身相许，费心照料。杜月笙一生未负于人，却单单有愧于孟小冬的恩情，这份恩情成就了他最后的温暖，也成就了孟小冬一生最后的归宿。

　　与孟小冬结婚一年不到，杜月笙病情加重，突然中风引起了下肢瘫痪，终日只能卧床静养。因为费用问题，杜月笙放弃了移民美国的打算。他自知病入膏肓，时日无多，拒绝一切医治方案，急招他的心腹陆京士从台湾来香港。杜月笙最后的时刻，需要陆京士随时在身边，有时是为了后事和陆京士相商，有时只是为了一份安心。而陆京士感念杜月笙的知遇之恩，一刻也不愿离开，每日衣不解带地侍疾床前。

　　算来杜月笙一生相交者众多，上至王公贵族，下到走卒贩夫，皆有他的朋友弟兄。但在这朝不保夕的弥留时刻，他仿佛只有了一个陆京士，相交满天下，知己有几人！在生命中能够有这样一位知己，已是幸运非常。

　　陆京士，孟小冬还有姚玉兰只得焚膏继晷日夜不休地随侍在侧，满足他对人世间最后的一丝眷恋。孟小冬的身体一直不好，常年服侍杜月笙已是耗尽了心力，红颜憔悴，而现在明知杜月笙已是油尽灯枯，时日无多，浓重的悲哀笼罩在她身上，她却一直在杜月笙面前勉力支撑，温和地说她不要紧。

　　再往后，杜月笙的病情日趋恶化。他开始着手准备后事。他未曾等到心爱的大女儿杜美如成婚，未能亲手将她交予陪伴一生的男子手上，如何能够放下心去。他未曾等到恒社弟子安然无恙，未曾等到孟小冬的白发暮年，如何能够放下心去？上海大亨一生戎马，挥金如土，最后却只剩下了10万美金的遗产，要分给一大家人。又当面撕毁了所有借条，不愿家人在他死后还和他人打官司。[①]

　　就这样，在1951年的8月16日，真正懂得孟小冬、全心全力关怀孟小冬的一

---

① 引自《孟小冬：氍毹上的尘梦》，万伯翱、马思猛著。

代大亨，撒手而去，留下了为他悲苦痛哭的家人。

也留下了孟小冬重新孤苦无依，一个人走完人生的旅程。天涯荼蘼，问花花不语，问雨雨淅沥，为谁一梦归无期？为谁无言落泪滴？

第三折　只当漂流在异乡

笙歌散去游人尽。一辈子叱咤风云的杜月笙，怎么也想不到他故去之后，竟是如此凄凉。不等泪水沾湿衣襟，只有一朵朵白菊在萧瑟的风中摇摆，寄托这亡人最后的风光。人心惶惶无悲思，白云悠悠空对月。众人分得遗产之后，纷纷离开了杜府。据说到杜月笙头七的时候，杜府内做法事的和尚比留下的人都要多。

不能说这些人对杜月笙半分情谊也无，只是以前以杜月笙为中心，杜家好歹还是一股拧起的麻绳，虽然十几口人并不和谐美满，也算相敬如宾。等他走后，内在的联系瞬间土崩瓦解，每个人都遗落成世间孤旅，相互之间仿若成为从未遇过的陌生人。

人的归属感到底在哪？除了心灵上的宁静，是否还要在人和人之间的相互取暖温暖？有一起经历世事的依靠，有互述心事的信任，有知道自己不是一个人的安全感。

孟小冬的确是人间奇女子。与其他攀附杜月笙的人不一样，她委身于杜月笙的时候，杜郎已不再是那个在上海滩跺一跺脚就震三下的大佬，此时的他荷包无金，重病缠身。她只为报答杜月笙默默守护的恩情，便背井离乡，抛下了亲人与故土，跟着他浪迹天涯。她在杜府也过的并不顺心遂意，孤冷的个性，无人能解的眼界气质，都让她在一大家人中格格不入。

姚玉兰与她曾是最好的姐妹，也因为与她有着共同的夫君而生出嫌隙。当年姚玉兰带着儿女一路奔波，跋山涉水从重庆返回上海，本以为一身的惊与苦能够得到杜月笙的安慰，却没想到有孟小冬在身旁，杜月笙竟是谁也看不上，谁也不愿理了。这让一往情深的玉兰追悔莫及，而孟小冬心中不愿姐姐委屈，便提出告辞，孤身一人返回北平居住。此等小事不一而足。孟小冬慈悲善良，不愿他人因为自己而心生不快，只有让自己忍受委屈。

曾经有好姐妹相伴，似乎便有心灵小小的依靠。后来两人的关系忽冷忽热，小冬也没了个说话的人。这么多年，只有杜月笙给了她温暖关怀，慰藉她多年的茕茕孑立，形单影只，让她觉得这个世界上似乎不是独留她一人了。然而，嫁给杜月笙一年之后，杜的重病故去，再次使小冬孤苦无依。

杜月笙弥留之际还心念着故乡浦东高桥，在那一方熟悉的土地边，可以酒醒花前坐，可以酒醉花下眠，可以半醉半醒看花开年复年。吴侬软语，桂子飘香，哪一家小酒馆飘荡的不是充斥着整场韶华的年少芬芳，哪一条青石路不是刻满了晚归人一身的风霜，哪一朵夭夭桃花不是隐藏着曾经爱慕过的秀丽脸庞？他说，带我回家。

可惜时不与人，故乡并不是一念之下就能够回去的地方。姚玉兰与孟小冬关系紧张并无缓解，再住一个屋檐下也无欢声笑语，不如就此别过，后会有期。姚玉兰是孔夫人宋霭龄的干女儿，和宋美龄也是至交好友。听闻杜月笙逝世的消息，宋美龄悲痛地给姚玉兰挂了电话，邀请她前往台湾定居。姚玉兰思前想后，终于带着子女和杜月笙的灵柩，前往台湾。杜月笙被安葬在台北汐止墓地，那里安眠着泛着朦胧的漫漫长夜，无数星辰屏息等待终究会到来的黎明。一代"海上闻人"杜月笙客死他乡，至今未能回到故乡的怀抱。

孟小冬在此之后也搬离了坚尼地城十八号，一个人在香港，离群独居。她和杜月笙三十年的情分，十余年携手相伴，一年的夫妻之恩，换来了最后 2 万美金的遗产，以及回不去的家乡。对于这个结局，孟小冬平静得很，她委身杜月笙本不是为挥金如土的奢华享受，纯粹报答多年的知遇之恩。

也许有一些外人会觉得她爱恨纠缠，明珠蒙尘，比如远在大陆的余叔岩好友张伯驹先生得知孟小冬跟随杜月笙赴港，又去世在台的消息，悲痛提笔赋诗一首：

> 梨园应是女中贤，
> 余派声腔亦可传，
> 地狱天堂都一梦，
> 烟霞窟里送芳年。①

在他看来，风华绝代的冬皇孟小冬，最后却委身于一介上海滩青帮头目，实在是在烟霞窟里枉送了芳年。

可是外人又怎知她和杜月笙间点点滴滴不可言说的故事呢？世间感情并不是只有正确抑或般配可言。王宝钏身为丞相爱女，却下嫁薛平贵一介布衣，寒窑苦等十八年；杜丽娘游鬼人间，却依然和柳梦梅相遇相爱，一世缠绵在梅边柳边；七仙女不顾违抗天帝之命，和凡人董永相依相持，就算天各一方也在悄悄思念。

悲欢离合总无情。可种种无情依然被编成动听的歌谣，在整片大地上传颂。爱的美丽就在于打破了桎梏无情的尘封，不足为外人道也的一刹那心动，撑满了整场寂寞花事的郁郁葱葱。我爱慕你只在我面前表露的懵懂，而不是他人所见你在阳光下青春的火红，就算人生长恨但水也长东，独立在寂寞空庭中的梧桐，也会替我安慰你所剩无多的美梦。

孟小冬搬出杜公馆，只身一人住进使馆大厦的公寓，深居简出，平日临摹些书法碑帖，或者空闲时抽抽大烟消磨时光。此时在港的几位菊坛好友如马连

---

① 引自《梅兰芳与孟小冬》，蔡登山著。

良等已经陆续回乡，冬皇并无其他好友，生活只是清冷寂寞。琴师王瑞芝仍滞留香港，为票友吊嗓说戏以此谋生，得空便时常去冬皇居所探望。

小冬有了数不清的闲暇，却倏然不知如何打发。答应杜先生此生再也不登台唱戏，也没有知心人在身旁说说闲话。终日借一丝秋风吹拂蒹葭，披一袭淡衣干净素雅，饮一杯碧柔雨前清茶，静立于漫天雨花纷飞下，任水滴窗前到谁家，我自温文尔雅，净玉无瑕。

小冬活着太过于清醒与执着，如同一块上好的白玉，沾染在浑浊的世态中，也不会被熏上些许颜色，反而将那熹微的光芒，照射进现实醒不来的地方。绝然的纯粹，如同出生时的素然优雅，美好得如同一盏易碎的瓷杯，禁忌让人断绝触碰的想法。万色均观，俗世绝色乃无色；百味皆尝，人生至味还无味。她将自己站成了风景，走出自我催眠的梦境，落在他人怀念的心里。

她的清醒让她永远将自己看低，她的一生从未做出过出格的举动，每一步都小心翼翼，每一个转身都如履薄冰。没有人可以打破她给自己设下的规则，画地为牢，并且安之若素。孟小冬一生艺术大成在立雪余门之后，可她似乎从来没有动过收徒的念头。

也许是她一生只追求艺术的甄善完美，每一句唱词的腔调，每一句念白的婉转，每一次起身的气势，每一次凝眸的专注，都在一日日的练习，一次次的斟酌中变得生机盎然。

她一路看尽万水千山，阅尽千帆争流，被荆棘划破娇嫩的身躯也在所不惜，最终站在了技艺的山顶时，一丝莫名的迷茫闪过脑海，她这一辈子就做了这一件事，她成功了吗？她幸福了吗？但愿人长久的朝夕梦想，可望而不可即的谁的笑颜，都如同开在雾里的花。破碎的迷局遮不住劳燕分飞的别离，岁月的尖刺划破了我尘封的呼吸，抖落出无数我祈求隐藏的秘密。

一世缘分尚浅，有人为了今世相知相识的相见，曾化作青石桥守候你的路过百年又百年，成全了红尘半世的缱绻。王瑞芝与小冬说笑间偶然谈到，杜月笙的徒弟钱培荣素来崇拜余式艺术，也是真心想学戏，一直有拜孟小冬为师的念头,却因杜月笙病重未曾提起。冬皇回想许久,忆起那位在杜公馆里用余式唱腔吊嗓的青年人,的确是一位谦虚好学的有缘人。

就这样,冬皇答应收钱培荣为徒。在冬皇的首肯下,曾在杜寿义演中陪冬皇出演《搜孤救孤》的赵培鑫也来到了香港,一同拜师孟小冬。余叔岩的挚友孙养农举香,两人叩行拜师之礼。小冬端坐在梨园祖师爷翼宿星君和师傅余叔岩的牌位前,看两位弟子诚诚恳恳地三叩首,那份拘谨、敬仰与兴奋

孟小冬中年照

是否就恰巧如同当年自己的模样?一样对艺术神之向往,只是那美丽如斯的自己已历经沧桑。也许故事已被改写成别的时光,在这不经意间回首的过往,一定有老去的天涯不曾荒凉。

说来拜师过程中还有个小插曲。杜月笙之前的家庭医生吴必彰素来与小冬交好,杜公馆老旧而悠长的时间里,闲时小冬会给吴医生讲上一两段戏,这次也邀请他过来观礼。没想到吴必彰趁势跟在两位学生之后三跪九叩首,拜了冬皇为师,小冬惊讶不已便要扶他起来,引得来宾哄堂大笑。这些小事就如此熙熙攘攘地填满了小冬一个人冗长幽静的生涯,在多年之后温暖的午后想起,依旧带来对流年的感激。

冬皇一日之内收下两位高徒,传为佳话。这是她唯一一次正式收徒,此后教导他人学戏也是看在有缘的好学人份上,不求回报地指引人进步。她的弟子

无一位专业演员，全都是事业有成的票友。也许对她来说，技艺的日臻完美是最大的果报，她自己的进步抑或他人的信仰，都是可以，艺术就是艺术，不是赚取钱财用以谋生的工具，是佛祖赐予众生的福祉，是面对自然的波澜壮阔时心灵的颤抖，是讲述人和人爱恨情仇时无法明说的感动。

然而赵培鑫忙于经商，实际上并未向小冬学过多少戏，却非常骄傲自大。后因财产纠纷被送进监狱。好笑的是他在服刑期间打算演出全本《四郎探母》，消息传出许多达官贵人戏迷票友纷纷要进监狱观看，因安全考虑，戏份被取消，也算是奇闻一件。出狱后他在各地登台演出一直卖座不衰，更称自己为"赵派"，引得冬皇震怒，斥责不许进门。由此算来，称得上冬皇入门弟子的只有钱培荣一位了。

钱培荣学戏和冬皇当年一样刻苦，每日下午傍晚去孟府学戏，用功到子夜方才离开。而冬皇一向要求严苛，一字一句练唱达标方可允许往下学习。每一句婉转都凝结了小冬多少寒夜的酝酿，每一个技巧都是冬皇在台上台下反复的琢磨，展示给徒弟的全都是自己不愿回想又无法抛弃的过往，是否她在教习培荣的时候，会想到也许这样，她数十年的寒冬暑夏，可以在百年之后仍为人传颂和度化？

世间的机缘巧合总是千丝万缕地落在了上苍的指缝间，有人以为了无挂碍，有人却当此是缘何业障。钱培荣经常往来外地经商，获冬皇首肯，教戏时允以录音，让他能够熏陶在路上。冬皇居住香港的十五年间，钱培荣一共学习了《失空斩》等十二出经典余派剧目，而这十二出冬皇说戏的录音，便成了冬皇遗留下来的最灿烂的瑰宝。

钱培荣一生孝敬尊重冬皇，冬皇迁居台北之后，依然常年供养看望，让她老去的时光有了常年的依伴。我们路过一片荒芜的土地，随手种下爱意与善良的菩提，念诵心底一丝微凉的禅意，转瞬萍散之后遗忘身后的落花满地，来年回到一无所有的盛世长宁，不知当年的月光阴晴圆缺了哪里？无非一个等待在千年之地的你，成为我因果轮回的福报天启。

此时，余叔岩的至交好友孙养农正在孟小冬的协助下，请赵叔雍执笔，口述编写一本《谈余叔岩》的书，此书现已由香港三联书店于1953年出版。孟小冬与恩师的点点滴滴，深厚情感，全附着在了孟小冬为本书亲自写的《仰思先师》之序，情深意切。余叔岩仙逝已十年，犹有一位孟小冬在天的那边，思念着他：

夫阳春白雪，闻者每讶其高标。璞玉浑金，识者始知其内蕴。蓄之既久，发而弥光，大名永垂，遗风共仰。知我先师罗田余先生，抱云霞之质，兼冰雪之姿。家学绳承，振宗风于三世；万流景式，扬绝艺于千秋。舞勺之龄，名驰首郡；甫冠之岁，学已大成。以优孟之衣冠，状叔敖而毕肖；协宫商之韵律，啭车子以传神。忠义表于须眉，苍凉写其哀怨。营开细柳，曾微服官社，结春阳推为祭酒。固已菊部尊为坛坫令，闻遍于公卿矣。及登英秀之堂，抠衣请益，折节揣摩，退结胜流，共资探讨。玉篇广韵考字定声，逸史稗官斠文比事。凡经搜考，咸能改观；尽扫伧俚之辞，悉合风雅之旨。太羹元酒醇而又醇，刻羽引商细无可细。九城空巷，四海驰声；盛誉攸加，修名斯永。余幼习二黄，涉猎较广。闻风私淑，盖已有年。立雪门前，瞬更五载。孔门侍教，愧默识之。颜渊高密传经，等解诗之郑（玄）。婢谬蒙奖，借指授独多。洎师晚年，忽感瘠疾。呻吟床褥，已无指划之时；憔悴茗炉，犹受精严之教。景命不融，竟尔溘逝。余奔走朔南，迭经忧患。珠喉欲涸，瑶琴久尘。每感衣钵之传，时凛冰渊之惧。但期谨守，愧未发扬。养农先生少游北郡，即识先师。因气类之相敦，遂金石之结契。椿树巷中每停车，盖范秀轩内时为佳宾。谭笑既频，研覃亦富。华灯初上，小试戈矛。凉月满庭，偶弄拳脚。宛城宁武悉具规模，定军阳平尤征造诣。频年投荒岛上，时接清谈；共话昔游，每增怅触。近以所撰先师传记，举以相示。展诵一过，前尘宛然。悲言笑之，莫亲痛风徽之永隔。山颓木坏，空留仰止之思。钟毁釜鸣，谁复正始之格。此书之出，必重球琳。拙序既成，尤深憬怆。

昭阳大荒落皋月下浣宛平孟小冬书 ①

孟小冬独居香港时，有琴师王瑞芝多年以来的知己相伴，也有几位高徒的倾心学戏，让她看向世光迷离的眼里有了世俗的幸福斑斓。除此之外，票友戏迷常常登门拜访，小冬心善，力所能及之时便指点一二。除此之外，便只有少数几位至交好友常常往来。

冬皇习惯于晚睡迟起，有一日却早早起身，在客厅恭候一位稀客的来到。这位稀客便是孟小冬后来的忘年之交，一代国画大师张大千先生。小冬在门口迎接大千先生的光临，更是向他行向长辈的跪拜大礼，让大千居士深为惶恐，连忙回礼一个旧时大揖。②

张大千先生旅居北平时和余叔岩相识，两人一见如故，结为至交，经常结伴去春华楼用膳。时任春华楼掌柜的是北平第一名厨白永吉，善于烹饪更善于配菜，每次都让州人吃的尽兴而归。当时京城盛传三人友谊的一句话就是"画不过张大千，唱不过余叔岩，吃不过白永吉"，人称三绝。

为表示友谊，张大千与其二兄，著名国画大师张善孖同作一幅《丹山玉虎图》相赠，余叔岩如获至宝，每年正月间或者生日时才会小心翼翼地拿出悬挂。只是谁人心中的宝，在故去之后也不得不落得弃之敝屣的下场。如果我们得知所有的因果得失，还能否如今这般珍惜手中的缘分？又或者被珍藏爱护的至宝就算辗转路上，颠沛流离，终其一生也只记得那个在静夜里轻轻摩挲自己的温度，以及那白日里众人群中温柔注视的目光，也许这些旧年的记忆才是支撑自己的力量。这幅画后来流失海外，最终由香港著名收藏家杨定斋先生收藏。

正是由于张大千与余叔岩之间的深厚友谊，在 50 年代初，大千居士旅居香港，得知故友余叔岩的得意门生孟小冬也在香港，便登门探望。从此两人结

---

① 引自《谈余叔岩》，孙养农著。
② 引自《梨园冬皇——孟小冬传》，徐锦文著。

成忘年之交，经常在港相聚。后张大千举家迁往巴西定居，冬皇十分悲伤，携带琴师王瑞芝前往大千居所送别。长亭外，古道边，芳草碧连天。晚风拂柳笛声残，夕阳山外山。天之涯，地之角，知交半零落。一觚浊酒尽余欢，今宵别梦寒。

也许人生就是不断地离开，最悲伤的是从来无法好好告别。有幸能够像仪式般告别的时刻，固然心酸，依然幸福。毕竟有了开始也看见了结局，而不是花开不同悲，花落无人去。也许此番别离，就预示着下一次意外的重逢，他乡遇故知的欣然欢喜无可代替。

大千亲自下厨烹制美食招待客人，席间也是其乐融融，趁着兴起，张大师提议"今天冬皇光临，甚是难得，加之她的琴师也是有备而来，何不请她高歌一曲，让老朽饱饱耳福！"小冬点头称允，却又俏皮地向大千居士提了个要求"八爷（大千行八），我唱没问题，请您先喝一杯（酒）！"张大千怕手颤影响作画，已是戒酒多年。[1]

谁想到兴致全起的张大千连饮两杯，大家莫不赞叹佩服。小冬也饮下三杯两盏淡酒，已有些醉意，便反串一段《贵妃醉酒》。小冬是闻名梨园的余派老生，此时却以梅派路数反串了一次贵妃，将天生丽质的贵妃的微醺醉态演绎得淋漓尽致，虽着便装并无行头在身，但大家仿佛就坐在繁花似锦的御花园中，看艳若桃李的贵妃檀口点樱桃，粉鼻倚琼瑶，淡白梨花面，轻盈杨柳腰。抛一飞眸缀着星光，甩一水袖云遮雾挡。

大千深知小冬性格，从不轻易开嗓清唱，此次为他践行，一反常态大显身手，深深可惜寓所没有录音机，无法将冬皇的演绎随身带去南美，时不时一饱耳福。小冬得知此事后，专门在寓所特别录了一卷录音，在大千上飞机前托人转交，留作两人友谊的纪念，大千甚为欢喜。

张大师虽然前往陌生的国度定居，然而每次到港时，都要抽空拜访小冬，两人大有知音难遇之感。在身患眼疾的情况下，大千依然用心为小冬绘制一幅

---
[1] 引自《梨园冬皇——孟小冬传》，徐锦文著。

张大千与孟小冬（右）

"六条通景大荷花图"，依小冬要求，题其艺名"小冬大家嘱写"。① 也许在大师心目中，冬皇就如同一株开在寂寞荷塘的莲花，出淤泥而不染，无论雨露风霜如何摧残，她亭亭玉立在碧水中央，无怖亦无惮。

冬皇亲手泪别了自己的夫君，又告别了幼时的姐妹，最后送别了挚友。她面对维港外星星点点的渔火轮船，会想起远在千里之外的家乡吗？那里有她老迈挂念的母亲，她笑语嫣然的旧友，她曾经无望的念想，她生长过的地方。我们从来都不得而知，世间所有的夜晚，她独坐在公寓的榻上，看向深邃的黑暗，俗世的热闹似乎从遥远的宇宙中传来，细微不可听清的欢声笑语，会不会惊醒她心中每一颗尘埃的下落。数声钟鼓传长夜，九重天上染星辰。万家灯火隔江烟，一轮明月满乾坤。

其实她并不是没有机会回归故国家乡。1963年春，北京京剧团组织"赴港演出团"，马连良、张君秋等艺术大家应邀访港。周总理非常关心此次演出，在数次审看剧目和接见演员时，时不时提到旅居香港的孟小冬，对她的艺术成就颇为赞赏，并郑重地托付马连良："你们这次去，能不能想办法和孟女士见个面，做做她的工作，她的艺术应该传下来嘛，不然太可惜了。她愿意回来看看，教教学生，最好。实在一时回来不了，录个音也好，有什么困难和要求，都可

---

① 大家（gu）为旧时女子尊称。

以提出来,我们想办法满足她。"①

带着总理的嘱托,剧团在香港盛情宴请孟小冬女士,邀请她回大陆献艺或观光,更建议她录制唱片,也能将她的几出杰作录制成彩色电影。冬皇很重视此次言谈,仔细考虑后说明她体弱多病,多谢大陆邀请,只是暂时无法赴大陆演出观光。录制唱片就不必了,老师余叔岩已有许多唱片遗留,实是重复浪费。拍摄电影十分有意义,她很赞成。②

然而由于种种原因,为孟小冬拍摄艺术电影的计划未能实现,实在是一大缺憾。

章士钊也曾多次说服孟小冬回国,未曾想小冬一直态度坚决。1957年章士钊曾写条幅赠孟小冬,就算无奈就算喟叹,也念念不忘:

> 当时海上敞歌筵,赠句曾教万口传。
> 今日樊川叹牢落,杜秋诗好也徒然。
> 绝响谭余迹已赊,宗工今日属谁家。
> 合当重启珠帘寨,静听营门鼓几挝。

> 丁酉(1957年)春在香港诗奉诒
> 令辉仁嫂夫人用资笑粲
> 孤桐章士钊③

小冬一人的生活清冷寂静。天青等烟雨,谁人将等你。袅袅炊烟起,隔江千万里。有人说在她屋里挂有几张演出剧照,其中有一张非常特别,她单人扮演《武家坡》里的薛平贵,却是经过了裁剪,旁边扮演王宝钏的人不见了。谁

---

① 引自《梨园冬皇——孟小冬传》,徐锦文著。
② 引自《梨园冬皇——孟小冬传》,徐锦文著。
③ 引自《孟小冬:氍毹上的尘梦》,万伯翱、马思猛著。

也不知旁边的扮演者是谁，当时的巧目盼兮，语笑嫣然都被时光的剪刀剪去，徒留下薛平贵站在坡前，望着空无一人的寒窑。也许这出戏演的正是那苦守十八年的王宝钏重逢薛平贵，十八天后即郁郁而终的结局。

大家纷纷猜想旁边的扮演者是梅兰芳，他的身影如同经年的记忆，和千帆过尽的日子一起，被孟小冬小心翼翼地抛弃，再不让那些黑暗的时光伤害已经碎裂的心。也许孟小冬只是当年的苦痛无处发泄，愤然毁去二人珍贵的剧照，却舍不得心底的一份晚归的青山淡影。这一幅不成比例的剧照也和她的主人一样，这些年从头到尾，无人问津。

有人传言梅兰芳在此期间到过香港，秘密和孟小冬见了一面，劝说她回大陆定居。此时的梅兰芳在大陆如日中天，受各方嘱托，希望小冬能够回到祖国的怀抱。她依然拒绝了他提出的要求，温柔地，而又坚定地。

你会不会突然地出现，在我们常去的海边，笑着对我说一声好久不见？孟小冬和梅兰芳离婚后，一直对其避而不见，就算是要一起唱义务戏，也会刻意躲开梅兰芳的演出不看。也许她从未想到会在遥远的香江之岸见到他的身影，也许是她从此心中只有一位杜先生，也许是她经历了漫长的歌唱与浩荡，才慢慢放下伤害与痛苦，不再执着于无法挽回的无尽黑夜。

也许这些都是虚无缥缈的谣言，此时已是暮年老人的梅畹华，却永远地留在了孟小冬的记忆里，依然是舞台上风华绝代的模样。暂来还去，往事都轻似风头絮。纵得相逢留不住，何况相逢无处。我离去时约略黄昏，如今月华却到朱门。别后几番明月，素娥应是消魂。两人四年的缘分，换了此生再不复相见。相见又如何？只是相顾无言而略带尴尬的沉默，想开口却又不知如何开口，还是就让往事随风，淡然相忘于江湖之中，所有的过往与伤害都从此一笔勾销。

定定住天涯，依依向物华。寒梅最堪恨，长作去年花。每一次想起那株冬月里的寒梅，已经是去年的事情了。遥远的过去，人面不知何处，绿波依旧东流。素手醉听琴，浅笑恋诗吟。凄寒望华衣，半世留殇铭。纤纤素手执一杯琼酿，不舍别离与君千日醉。经年的相思由君而始，如同绵长不尽的西江水，日夜东流从不停歇，我却已经遗忘了想起的理由。

第四折　天尽何处有香丘

是否人一生的幸福快乐、顺遂与福气都是定数？如果是定数，世人大概都选择把这定数平均分配到一辈子慢慢悠悠的时光里。平安，喜乐，远离颠倒流离梦想。没有春风得意马蹄疾的意气风发，也不会有断肠人在天涯的郁郁不得志。若无在天愿作比翼鸟的念念不忘，大概就无十年生死两茫茫的痛彻心扉。红极成灰，情深不寿才是一句真理。又有多少人敢于体会璀璨梦想带来的大乐大悲，到最后世事与人都碎成片片时，才痛得那样大彻大悟？也许支持他们活下去的，就是那常人不曾体会过的极致之乐。

对于孟小冬来说，是否她红透上海滩，冠盖满京华的时候，就已经透支了后半生所有的安宁幸福？十年苦学京戏，十年名震一方，五十年茕茕孑立，孤苦伶仃，背井离乡。

当然，幸福的真谛也许是苦难之后的寂静欢喜。一直健康顺意的人生，体现不出平安和平凡隽永的魅力。经历过黑暗之后的黎明，方让人觉得破晓的天空，一道微弱的萤光像圣光降临，如此静谧如此安详，带来了倾泻而下延绵不绝的希望。

所以对于小冬来说，不唱戏，不学戏，不跑动，不爱人，平凡地每天在寓所里看看电视，回想往事，吃斋念佛，和好友聊天，就是最平淡又最深刻的幸福了吧。

孟小冬一人在台北生活了十年。这十年不同于香港的独居，算是有了照应。这照应不是别人，正是杜月笙去世后，带着杜月笙骨灰去了台北定居的姚玉兰。

孟小冬与姚玉兰真是一对奇怪的姐妹。好起来的时候真的好，互相体恤关怀，在精神上抚慰，在生活上扶持。住在一起之后各种磕磕碰碰，见了面也不说话。

是不是每个人身边都有这样的人存在。我想把这样的人定义为亲人。就算有多少争吵不和到伤心落泪，多少误会不解至冷漠相对，依然在心底为之留出一个最特别的存在。他的一举一动依然能够牵动万里之外的我们那根特殊的心弦，一颤一动都是疼痛，一颦一笑总是关情。

杜月笙故去后，两人将近十五年未曾联系。1967年的一个春日，在台北居住的姚玉兰接到了身在香港的孟小冬的电话。孟小冬跟她说，最近有一个朋友找她借钱投资生意，她婉言谢绝了。而后又听说此人准备去台北找姚玉兰商量，便打电话提醒她多多注意，此人甚不可靠。

如今看来，这是一件平常细微不值一提的小事。而在那个时候，与小冬断绝联系十多年的姚玉兰却非常感动。毕竟是自家姐妹，有什么事情，第一个想到的还是自己。有时候生命里再平凡无奇不过的一件小事，回首想来却仿佛生命中某种注定的召唤。一个平常的电话会化解一场误会，一枚写上心情的红叶也会承载一段旷古奇恋。

孟小冬晚年照

就像乔布斯说的一样，你在向前展望的时候不可能将这些片断串连起来；你只能在回顾的时候将点点滴滴串连起来。所以你必须相信这些片断会在你未来的某一天串连起来。

小冬给玉兰打完这个电话之后，两人和好如初。姚玉兰担心只身在香港生活的孟小冬，多次极力劝说她到台湾与自己同住，好歹是个伴儿。孟小冬多年来清冷幽居，也渴望有一个能够说得上话的人，共同面对风霜雨雪，流年易逝，韶华东老，多一个人的体温仿佛就多了一分浪漫温柔的抵抗。

就这样，小冬答应了玉兰的盛情邀请，于1967年9月11日，搭乘太古公司的"四川"号渡轮，离开生活将近20年的香港，前往她此生最后一个目的地——台湾。

到底是什么支撑着我们，背井离乡，颠沛流离，前往未知的环境，在那里度过我们仅有的余生？有人为了爱情，奔向看似幸福的淡烟疏柳，才华闲抛去，洗手做羹汤。有人为了前途，泛浮槎直到日月边，蓦然回首，乡音犹未改，鬓发已成白。还有人被时代被世事的筛子筛的流离失所，天下为家，往事已成空，佳期如梦中。另外有一小群人，他们也不知道迁徙的意义，也许他们的生活就是在别处，跟随着自己的心，偶然邂逅不同的故事，不断割舍，不断行走。远方这个词代表的意义就是流浪的路上，永远都人来人往。

孟小冬要来台湾，姚玉兰十分开心。亲自同陆京士等恒社成员一同到港口迎接。几经波折，冬皇最后终于在台北定居下来。然而有时树欲静而风不止，小冬的冬皇美誉实在太盛，到达台北之后，一时间门庭若市，想要来拜见的人络绎不绝。有慕名来拜访的梨园票友，有专程前来拜师学艺的求教者，更多的是社会各界人士的看望和相邀，比如采访，比如赴宴，比如演出，不一而足。

孟小冬的身体状况已非常不好，常年累月辛苦的练戏跑场，从幼年起就开始透支她的身体。她是一个极认真的人，上台唱戏，吊嗓练声都唱的一丝不苟，字正腔圆。虽说对于听众是耳福，然而也极费心力，她唱一场戏的精神，别人可以唱足三场。这样一日日殚精竭虑，让她的身体日趋孱弱。和梅兰芳的一段

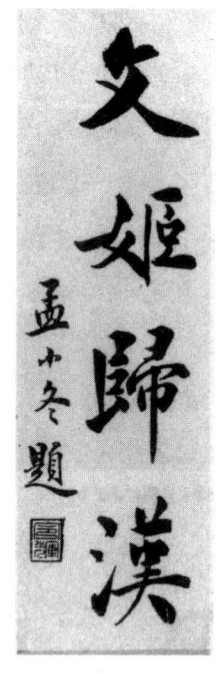

孟小冬书法作品

情事伤透了她的心，和梅诀别后她一度绝食，茶米不进。好不容易缓过来之后，又在寺庙里清修，吃斋念佛。这些东风暗换的年华日夜啃啮着她的身心，让她从小就饱受胃病的侵扰。而在范秀轩问道学艺的日子里，跟着她师傅染上了抽大烟的嗜好。此番种种，耗得她魂消体瘦，虽说还未到油枯灯尽的地步，也是羸弱不堪，病魔缠身了。

由此，孟小冬对外界声明，此番来台定居，旨在静养，不准备参加任何社会活动。这样的昭告下，孟小冬着实过了一段舒心安逸的日子。生活起居有姚玉兰、杜美霞（即杜二小姐）及几位弟子悉心照料，有心事便和大家一起说说。独自一人时会到书桌前临写书法碑帖。她虽然性子看起来很冷，却兴趣广泛，在香港时就找专人学过刻章，英文，太极拳。而在台北，她除了做这些事之外，和宾客家人打打麻将消遣，或者说说话吊吊嗓，电视出现后犹喜看电视，经常是两个电视一起放着节目。有时候遇到前来求教的青年演员，也是不遗余力地指教解答。她一度潜心礼佛，每晚在家念诵经文。在过年过节时，还会通宵敬香，或者到台北西宁南路的法华寺礼佛。她正式皈依弟子，赐法名"能泰"，信仰极为虔诚。①

宗教之所以让人寻觅到宁静，大概是由于它有着自己的一套规则。你只需要按照这些规则做，剩下的事情便可以交予佛祖，我们不需面对世事变迁，物是人非，那不是我们的本责。遵循规则的过程中，我们的头脑愈发清明，懂得了什么才是最重要的。尘世走一遭，繁华拜尽，众生苦乐，一如百年前。山寺有悬钟，一日一撞，心如止水，千年亦不变。婆娑世界向我们展示了万千繁华，可惜最美好的背负存在那行走的路上，一路上徘徊于路边的爱恨情仇，就是这

---

① 引自《梨园冬皇——孟小冬传》，徐锦文著。

个世界交与你的存在感。而想从这些存在感提取出生命的意义，只能够依靠信仰的微光。佛法无边，应作如是观，诸法因缘生，我说是因缘；因缘尽故灭，我作如是说。

姚玉兰的女儿杜二小姐杜美娟，幼年曾过继给孟小冬做养女，小冬台湾定居后，她对孟小冬照顾得无微不至，两人情如母女。冬皇独自居住于台北信义路的一间小屋，姚氏母女几乎每日都前往小冬的住所，多方照料，相互支撑。就是说几句体己话，也是人生难得的安宁所在。杜二小姐总是陪伴着孟小冬，冬皇常说："真奇怪，她来这儿一坐，我就觉得很安心。她要是有一天不来，我就不知道这日子怎么过了。"① 杜二小姐每日帮冬皇照料起居饮食，洗衣叠被，料理停当后方才回家。这份情谊，人间难觅，冬皇得之，她之大幸。

孟小冬绝非一位新时代女性，她满身都是旧家女子的烙印，说话做事不逾任何规矩，那一丝一线缠绕至紧的罗网暗藏在她幼年所受的严苛的教育里，每一个日夜，每一句叮咛，都将这个种子植根在她幼小的心灵上，在毫无察觉的暮鼓晨钟中，疯狂汲取血肉里的养分，再回头时已经亭亭如盖矣。

她的经历初看多情又曲折，隐约带着一丝为不可得的爱情奋不顾身的冲动，而这一切迁徙与放逐都是宿命里的必然。和第一位动心的男子结为夫妻，对正妻名分有着宿命般不舍的眷恋，一个称号，一个光明正大站在心爱男子身边的执念，她如同一只绝望的飞蛾，奋不顾身地投向那点点火烛，以期温暖自己悠长而荒凉的岁月，却被那烟霞色的希望灼伤了眼，痛伤了心，万般失望皆成佛音。为了安心守着一个勉强称之为"家"的小院，为了长伴爱人左右，她放弃了自己的事业声名，面对观众依依不舍的眼光也毅然决然脱去锦服擦去胭脂，万般才华终闲抛，在花影柳阴下含愁奏一曲绿漪琴，在静夜里忍看华衣薄凉如水。为了报答数十载默默守护的恩情，她不顾旁人眼光，嫁给大亨做了自己曾经最不齿的小妾，哼着如梦境一般的曲调吹散病榻前的愁绪，眼睁睁看着人生伴侣散尽最后一丝光华，这世上再也没有人能够理解她的痛她的苦。

---

① 引自《孟小冬：氍毹上的尘梦》，万伯翱、马思猛著。

这份执着与桎梏在她教习弟子上也体现的淋漓尽致。她收的弟子本就不多，说戏指点一丝不苟，经她指点的戏未经允许一概不准随意在外演出、吊嗓，连琴师为他人吊嗓都是经她许可方可成行。世间好似有两个孟小冬，一位在人间谈笑风生，一位端坐于半空云端，丝丝扣扣控制着一举一动，她走过的阡陌，说过的话语，停留的刹那，仿佛是从骨子里沁出来的严肃与端正，不偏不倚，似乎最细微的差错就会掉落千古恨的万丈深渊。

有学生说她的戏路可自称"孟派"，对此她曾郑重声明："天下只有余派，绝无孟派。我所唱的词与腔，都是老师改正过的。他临终时曾说，'我所唱的戏，皆经千锤百炼，你不可改正一字一腔'，所以我从未自作聪明，妄予改动。"① 这份几十年如一日的坚守，筑起了她良心的城墙，无论发生了什么，她永远都过得了她心里的那一个渡口。

想来，晚年的孟小冬也深受慰藉。有人无微不至地照顾她的生活，让她无论出门多远都有让她安心行走的存在，有人耐心看望请益，陪她等待这曾经冷暖交织的岁月缓慢前行，一寸寸老去的时光有柔软的牵挂，这一切沉静又厚重的烟火都给予她生的力量。暮年静坐庭前，赏花落，笑谈浮生流年。今夕隔世百年一眼，相携而过，才知姹紫嫣红早已看遍。

演员的人生总是如春花般短暂，起落的悲欢离合、七情六欲演绎完了一生的绵柔悠长，却浓缩在一闪而过的时辰中央，迸发于耀眼的花火灯光，跌落成片的梦想如铺面而来的碎浪，盏茶尤未凉，爱恨已长殇。大红的幔布落下观众也散场，伶人带着满身的疲倦却再也走不出戏里戏外的莲荷风幽香，梅子雨微黄。

舞台上的指点江山、挥斥方遒没有让小冬逃过命里的劫数，人生的八苦，生、老、病、死，爱别离，怨憎悔，求不得，放不下，一个也未曾落下，让她尝透了悲欢离合的滋味。观众的追随与喜爱也未能让她万事如意，福寿安康。不规律的生活习惯、透支生命的练习与演出，用身体上的痛缓解心头之恸，都

---

① 引自《梨园冬皇——孟小冬传》，徐锦文著。

让她落下了不少病根。胃病的痛苦让她每天只能食用少量流食,日夜拆解她的坚强与血肉。也许是用气用嗓过度,晚年她更是受哮喘的折磨,呼吸竟然成为了无可奈何的愁苦,须臾之间都无法摆脱。

小冬的哮喘是肺气肿所致,平日所服之药却皆是治标不治本,只得拖得一日是一日。是不是在最璀璨的年华终结,才是世间最期盼的美丽,苍老暮年这些词语只能是想象中

孟小冬晚年照

的大气磅礴,而绝非病榻缠绵生活也不能自理。苍老是血染了旌旗,纠结的长须伴着黄沙被北风扬起,带着铁马冰河的碎梦和春闺人心的记忆战死沙场。暮年是带着鬓角的白发,静然听雨僧庐下,忽而念起此生悲欢离合总无情,一任阶前,点滴到天明。而不可能是一世不愿放弃的记忆都被时光侵蚀,也许连自己的姓名也忘记,全靠旁人的服侍和上好的山参才可以续命三刻。

美丽在我们心中更是与衰老无关,似乎深深的皱纹会如尖刀划伤了我们的眼睛,杂乱斑白的头发会冲淡面容的暖色,浑浊暗黄的眼珠再也带不来阳春三月的顾盼生姿。然而看见孟先生的暮年身影,就会深深感慨,也许上天拿走一些东西,就会给你另外的补偿,无论那些补偿你是否想要。暮年的小冬,依然恬静,依然安和,依然惊艳。大家都说岁月并不是真的逝去,它只是眼前消失,又在骨髓里根植,一点一滴地改变了我们的容貌与心境。看着孟小冬,却感慨她是否在这方面被上天眷顾,仿佛脱离了时代轮回之外,困苦,悲伤,不可与人说的垂泪,都没有在她的身上留下痕迹。

她一生守诺,答应了杜月笙在他死后绝不上台,就再也没出现在公众面前。此时的她已经与之前的装扮判若两人,穿青披皂,一副宽大的黑框眼镜遮住了秋水灵动的眼,俨然一副"孟法师"的打扮,干净素雅,颇具大家之风。

台湾知名主持人蔡康永便叙述过他幼年记忆中,孟小冬的模糊背影。那是

在他父亲常带他去的台北市仁爱路的鸿霖西餐厅，据他回忆：

"那天爸爸刚坐下，转头看到了最里面长桌末端，坐了位大概是穿灰色宽松旗袍的圆润老太太，他过去打完招呼后，回来告诉我，那是杜夫人，杜月笙的夫人，孟小冬，当时我虽是小孩，但大概因为是上海家庭，我已听人提过杜月笙大名，只是当时我颇头晕，因为我一心以为杜月笙是极遥远的书中传奇人物，怎么会这么平常就能在餐厅随便遇见杜月笙的太太？杜月笙家人啊！起码也该有十个八个保镖随侍在旁吧，不是吗？

当时再听我爸说，孟小冬人称'冬皇'，是当年京剧界第一坤生，我更是头晕，其实当时台北也有坤生演京剧，但那是戏台上的事，戏台上的人哪会坐在餐厅里吃饭？我模糊记得，我有再转头看看老太太，想看出点'冬皇'派头，但只记得望去一片影影绰绰，灰扑扑的，实在看不出'冬皇'的架势。

我是小孩，那时还不懂得：无论你是哪界的帝，哪界的皇，一被岁月搓洗，都只能渐渐化为灰扑扑的影子。"①

宽大的衣袍遮掩住了曾经艳丽的容颜，却遮不住清风自来的气质。1976年农历冬月十六日，是孟小冬六秩晋九大寿，港台弟子与家人大庆了一番，小冬似乎很愉快高兴，和大家同庆到很晚，也因此累着了身体，之后便一直有些不好。到了次年五月，哮喘加剧，药石罔效，医生要求她住院治疗，小冬却坚决不肯。

五月二十五日，因哮喘突然加剧，小冬在床榻上陷入昏迷，家人连忙将她送往医院，可是那时候天命已尽，终时已到，医生终夜不休的救治也只将她的一生送往了二十六日的深夜。肺气肿和心脏病等数症并发，终究回天乏术。遗

---

① 引自《我见过晚年的孟小冬》，蔡康永著。

失的珍珠泛着温润的微光，而那抹微光也渐渐远行，黯淡地再也寻不见芳踪。一代坤伶老生孟小冬在台北医院的病床上静静地停止了呼吸。此生，离于红尘轮回，无爱无忧亦无怖！

李贽说"生之必有死也，犹昼之必有夜也"。有人说死亡是作为生的一部分永存。然而奔赴死亡的旅程贯穿始终，渺小如微尘的我们看不透也看不穿消逝的意义。也许消逝的意义仅仅在于消逝，冰冷的世事在我们跳动的胸腔里呐喊：你们在听吗？你们要好好的啊。死亡凄美的魅力，赋予世间所有生命润物细无声的鲜活美丽。如果世界不死，生命永存，我们置身的滚滚红尘便失去了往复的意义，漫无止境的时间带来的不是劫后余生的庆幸，只能是空虚冗长的痛苦，紧缚缠绕，再无挣脱的可能。

如果没有黄泉路上三步一回头的依依不舍，怎能想起最放不下的竟是当年路过那门中，人面桃花相映红？如果没有忘川之水昼夜不息地映射出一生的悲欢离合，怎能知道最美丽的瞬间就是身边习以为常的一树梨花飘落雨，半眸绿水笑春风？如果没有奈何桥边撕心裂肺的分离，怎会惊讶此生唯念那但愿心似金钿坚，天上人间仍相见？如果不是饮下了那用一世的泪水酿成的孟婆汤，我们怎么会看得清此生无法再浮现的笑容？

也许对孟先生来说，寂寞生前的恩怨嘈杂都只是一世修行，浮沉往事都用来换清静身后的永恒流年。修行是在沉静的暮春，独自对着姹紫嫣红的庭院看野草生长。修行是在氤氲的夏日，落寞看那残霞夕阳被黑夜一点点吞蚀殆尽。修行是在萧瑟的深秋，一个人听潺潺流水冰冷成寂静无声。修行是在落雪的冬夜，孑然一身面对烧旺的柴堆，红极成灰。

这一世如同无人看顾的一树花海，半随流水，半随尘埃，遁入轮回终不见曾经的存在，沧海亘古的霜冷长天也换了如今桑田的风清月白。陌上花开，你可会沿着记忆缓缓归来？夕阳山外山的无奈，将三分春色两分荒芜也一并掩埋，留下一分破茧成蝶的涅槃在天涯尽头悠悠徘徊。

天尽头，何处有香丘？未若锦囊收艳骨，一抔黄土也风流。

幸而冬皇亲自选择的安寝之处并非只有一抔黄土。孟居士一生信佛，来台北后也是每年数次执香礼佛数次，虔诚至极。她已想好百年之后葬于佛教公募，清净安然，不再如同她的一生一样嘈杂纷繁。去世之前她委托陆京士代为寻觅安眠之所，最终选定了台北县树林镇山佳佛教公墓的一块墓地，周围密林修竹，层峦耸翠，一隅幽静，不可言说。孟小冬一见倾心，嘱陆京士代为买下，而又请人设计墓园样式，前两稿图样让小冬全然不满意，就在5月24日对第三稿认可之后，25日便重病住院。①

　　也许冥冥之中这就是宿命。凡有所相，皆是虚妄。连身后事都事无巨细地安排好了，只能走上再也不能回头的黄泉路，看那彼岸花开，延绵无绝，一如既往地送走生灵死魂，散一株幽香为谁歌唱错过的缘分和失去的时光？小冬无疑是幸运的，她幸运地预见了自己的死亡，也预见了自己的告别。她有大把的时间设计喜欢的安眠之所，设计葬礼的流程，和所爱之人不慌不忙地告别。

　　世界上有多少人正值盛年却躺在缠绵的病榻，见不着梦中的一株白梅，也饮不下多年前浮生如梦的一盏清茶淡香。世界上又有多少人在最不愿离开的时候孤独离场，上午笑语盈盈的爱人下午便天人永殇，带走了前夜在星光下述说的梦想，也留下了陈年的怨怼让未亡人彷徨，以无限的遗憾和不舍寂寞告别门前的一树柳杨。我们无法预见自己的出生，也无法控制自己的死亡。这些只能够由命运赋予你的，才是带不走的灵魂过往。三千繁华，锦水汤汤。

　　孟小冬阖然长逝，孤身一人干干净净，没有带走一片云彩，却给人世间留下万丈霞光。她一生无所出，身后由谁以何身份发讣闻是一件难事，最后决定由杜月笙长子杜维藩出面，称孟小冬为"继妣杜母孟太夫人"，将讣告发往社会各界。他的此番义举颇识大体，受到各方称赞。

　　也就是这样，在净律寺一隅有一方小小的墓碑，一行清字"杜母孟太夫人墓"是她的至交张大千先生所题，苍劲有力，又带有一丝柔和的婉转，像极了她的面容，清冷潇丽，绝艺贞忱。她的一生，爱恨情痴鸳鸯旧梦，艺苑扬芳惊

---

① 引自《梨园冬皇——孟小冬传》，徐锦文著。

艳绝才，都浓缩在了这一片小小的天地之中。天地尽处是春山，行人更在春山外。旁边的树木森森杳杳，于微风中吟唱一句朦胧的诗"若有来生，我愿为树，一叶之灵，窥尽全秋。"

一代梅派研究大家许姬传老先生一生为梅兰芳著述成书，在梅孟分崩离析之后，仍然对冬皇有着不变的尊敬与关心。1982年的冬天，许姬传先生为《中国大百科全书·戏曲卷》撰写"孟小冬"词条。北京的雪纷纷扬扬，遮盖一切旧年的传说。许姬传先生在纸上回忆他所认识的孟小冬，却听闻冬皇已在五年前病逝于台北，魂魄不曾来入梦。悲痛之余感慨万千，决然惨然，魂兮梦兮，含泪挥墨《忆孟小冬女士并序》：

捉放曹

五十年前在天津，陈彦衡师约观孟小冬女士之《空城计》于大罗天剧场，孙佐臣操琴，一九三六年曾在上海观其余派剧目十余出，一九四七年获睹其《搜孤救孤》，艺已精能，尔后即不复再见，嗣闻病势台北，不胜凄怆，壬戌冬偶成一律：

　　　丁沽初睹玉精神，羽扇纶巾意态醇。
　　　殚志寻师求绝艺，余门立雪得传薪。
　　　沧桑几度鱼书隔，瀛海惊闻墓草蓁。
　　　回首春申歌舞地，绕梁遗韵落芳尘。①

可是不管是羽扇纶巾风流偶傥，还是立雪余门勤学苦练，不管是在春申的

---

① 引自《许姬传艺坛漫录》之《漫谈我所知道的孟小冬》，许姬传著。

歌舞池，还是在台北的信义家，不管是在天堂还是地狱，除去此去经年的记忆往事，这方墓碑却是那么的干净，无子无女，无依无靠，仿佛她的一生就只伴着那青山绿水。

落落春水孕育着世事苍茫神秘，荡漾着光阴不会褪去的旧梦旖旎，而那水中从未离去的锦鲤，在清冷中守着许下诺言的落花一地。夭夭春林栖息着爱恨与悲喜，林间草木会与我们的身躯一同腐朽成春泥，继续滋养着广袤的土地，慰藉失落的灵魂寻那彼岸花期。春风在今生来世间千回百转地呼吸，讲述奈何桥畔三生石上故事的姓名与痕迹，而每一世的声音都在流转：倾国倾城，流景流离；莫失莫忘，相守相依。而有什么可以吟诵你的盛世传奇，只有一位诗人永恒的叹息——

春水初生，春林初盛，春风十里，不如你。

附 录
念是朝朝暮暮空回响

附录一　孟小冬年表

1908年（清光绪三十四年）0岁（周岁，下同）
1月9日生于上海，名若兰，字令辉，乳名小冬。

1916年8岁
拜孙派老生、姨夫仇月祥为师，以老生开蒙。
秋，首次在上海登台演堂会戏《乌盆记》（后半出）

1919年11岁
3月首次赴无锡演出营业戏，挂牌艺名"孟筱冬"，首演《逍遥津》，历时2月有余，共68场。
7月二莅无锡，全本《四郎探母》打炮，共演110天，无一日中断。还去往薛观澜家中出演堂会戏，《黄鹤楼》一出颇受好评。
12月1日正式加盟上海大世界游乐场乾坤大京班。

1920年12岁
在上海大世界游乐场乾坤大京班演出。
11月结束与上海大世界的合同。

12月14日搭班共舞台，改艺名"孟筱冬"为"孟小冬"，沿用终生。

1921年 13岁
在共舞台演出。
在百代公司首次灌制唱片：《击鼓骂曹》、《逍遥津》、《徐策跑城》、《武家坡》、《奇冤报》、《捉放曹》等。
11月下旬与共舞台合同期满。
12应邀在福建、菲律宾作短期演出。

1922年 14岁
8月赴汉口演出，场场爆满
结识姚玉兰。

1923年 15岁
春结束汉口演出，返回上海
秋搭白玉昆班北上

1924年 16岁
春在济南演出数月，反响颇好。在军阀张宗昌府邸演堂会戏多日。
6月第三次赴无锡作短期演出，仅演6日。

1925年 17岁
春随白玉昆班抵达天津，在新民大戏院演出，得到谭派名票王君直的悉心指点。
抵达北京，拜陈秀华为师
6月5日首演于北京前门外大栅栏的三庆园，打炮戏为全本《探母回令》，首演一炮而红，名震京城。

应长城、丽歌两家唱片公司邀约灌片《珠帘寨》、《捉放曹》、《逍遥津》三张。

8月参加义演，梅兰芳、杨小楼大轴《霸王别姬》，余叔岩、尚小云《打渔杀家》，孟小冬、裘桂仙《上天台》位列倒数第三。

8月23日，冯公度母亲八十寿辰堂会，与梅兰芳合演《四郎探母》，轰动一时。

1926年 18岁

举家乔迁北京，居于东四三条25、26号。

下半年于王克敏生日宴会与梅兰芳合演《游龙戏凤》。

1927年 19岁

正月二十四，与梅兰芳于冯耿光府中结为伉俪。

成婚后，脱离舞台。

4月，迁往东城内务部街某巷，被金屋藏娇。

9月14日东四九条冯宅惨案，迷恋孟小冬的青年李志刚勒索梅兰芳不成，致使张汉举不幸殒命。

1928年 20岁

9月，与梅发生口角，擅离"金屋"，与雪艳琴在天津共演十余天。天津沙大风撰文捧孟为"冬皇"。

11月随行梅兰芳至广州、香港演出，两人关系明朗化。

1929年 21岁

与梅兰芳及梅党众人筹备赴美演出事宜。12月梅兰芳赴美演出。

1930年 22岁

7月梅兰芳访美回国。

8月5日，梅兰芳听闻祧母（即伯母）于4日逝世，回京奔丧。

小冬至无量大人胡同梅宅，欲以儿媳身份为婆母戴孝，受梅兰芳二太太福芝芳的阻拦。

与梅兰芳失和，前往天津养病，随詹姓女主人吃斋念佛。

11月10、11日，与华慧麟合作，赈灾义演。

梅兰芳前往天津演出，寻找孟小冬，两人和好。

12月16日，在天津演义务戏《捉放宿店》，之后随梅兰芳回北平。

1931年 23岁

在长城公司灌录《捉放曹》、《珠帘寨》等唱片。

5～6月，梅兰芳赴香港演出，后参加杜月笙的杜祠落成大堂会。

7月梅兰芳返平。孟正式提出分手，后看破红尘，居于天津。

12月父亲病重，回北京准备后事。

1932年 24岁

2月父亲病逝。

4月梅兰芳举家迁居上海。

9月拜苏少卿为师。在天津演营业戏。

1933年 25岁

9月5～7月天津《大公报》上发表"紧要启事"，连载三天。

9月25日息影6年之后重返舞台，北京吉祥戏院演出全本《四郎探母》。

10月19～21日，天津明星大戏院演出。

1934年 26岁

拜鲍吉祥为师。

北京、天津不定期出演营业戏。

12月经杨梧山、窦公颖介绍，于杨宅宴会上拜余叔岩为师。

1935年 27岁

北京、天津不定期出演营业戏。

11月，与章遏云同赴上海黄金大戏院义演，原定20天，后因健康关系只演出8天。

1937年 29岁

5月，与章遏云、陆素娟前往上海大戏院剪彩。

剪彩后与姚玉兰同住，经姚撮合，委身大亨杜月笙。

下半年，杜、姚前往香港避难，小冬返回北平。

于北平领养女孩人玉子（即玉妹孟俊明，后改名杜美娟）

1938年 30岁

前往香港与杜月笙、姚玉兰相聚数月，返回北平。

喜遇琴师王瑞芝辅佐。

10月21日在北京泰丰楼正式拜余叔岩为师。

12月24日，拜师后第一次共演《洪羊洞》，颇受好评。

1939～1942年 31～34岁

在京每日与琴师王瑞芝前往余叔岩家中学艺，基本停止演出。习得余派戏剧30余出，拿手12出。

1943年 35岁

5月19日，余叔岩病逝。

孟小冬以"为师心丧三年"为由，隐居北京。

1945 年 37 岁

为庆祝抗战胜利，与程砚秋合作，通过广播电台向全国播唱《武家坡》以示庆祝。

因病，唱了一句导板"一马离了西凉界"，后由杨宝森接唱。

9 月去往上海与杜月笙团聚。

1946 年 38 岁

往来京沪两地。

杜月笙以"杜镛"名义为孟小冬购置贡院顶银胡同一处宅院。

1947 年 39 岁

5 月赴上海为杜月笙六十大寿义演准备。

9 月杜寿赈灾义演。于 7、8 日连演《搜孤救孤》，盛况空前。演毕宣布告别菊坛，此戏亦成广陵绝响。

1948 年 40 岁

离开北京去往上海。

1949 年 41 岁

4 月 27 日，与杜月笙一家同赴香港。

1950 年 42 岁

秋，在港与杜月笙补办婚礼。

1951年 43岁

8月16日杜月笙逝世。搬离杜宅,独居于使馆大厦公寓。

与王瑞芝等来往吊嗓叙谈。

1952年 44岁

收钱培荣、赵培鑫、吴必彰为徒。

秋季欢送国画大师张大千侨居巴西,即席反串《贵妃醉酒》助兴,并赠送张大千录音带。

11月姚玉兰将杜月笙灵柩运往台湾,葬于台北汐止墓地。姚定居台北。

1963年 55岁

北京京剧团赴港演出,马连良等盛邀孟小冬回国,未能成功。

张大千绘"六条通景大荷花图"相赠。

1967年 60岁

与姚玉兰和好。

9月,接受姚的邀请,离香港赴台北定居。

1977年5月26日,因肺气肿和心脏病并发症,于台北逝世,享年70岁。

冬皇仙逝后的第二年,由冬皇弟子出资,在台北成立"孟小冬国剧奖学基金会",杜美霞任董事长。每年在各艺校选拔优秀学生,鼓励后起之秀,培养了一批又一批艺术人才。

附录二　冬皇遗音

1.《凝晖遗音》,于1978年1月由台湾波丽音乐公司出版。为众弟子整理所遗录音带两盒。

第1盒:《搜孤救孤》,1947年9月7日在上海义演全剧实况录音。

第2盒:香港居家清唱、吊嗓唱段。所选内容与1990年上海翻译公司出版的唱段大致相同。

2. 1990年由翁思再选编,收录在上海翻译公司出版的《冬皇妙音——孟小冬唱腔选》

收录孟小冬早期录音:

长城唱片公司:《捉放曹·行路》《捉放曹·宿店》《珠帘寨》

丽歌唱片公司:《逍遥津》《捉放落店》(暂未收录)

另有冬皇在香港时清唱、吊嗓的零星唱段录音,大多不全。

3. 1995年天津北洋音像出版社出版、天津余叔岩艺术研究会制作、北京梨园书店发行《珍本孟小冬说戏录音》盒式磁带6盒,共有10出戏,分别为:

第1盒:《失空斩》

第2盒:《珠帘寨》

第 3 盒：A 面《乌盆记》、B 面《捉放宿店》

第 4 盒：A 面《洪洋洞》、B 面《武家坡》

第 5 盒：A 面《御碑亭》、B 面《战太平》

第 6 盒：A 面《二进宫》、B 面《搜孤救孤》

附录三　参考书目

[1]《梨园冬皇——孟小冬传》，徐锦文著，上海人民出版社 2010 年第 1 版。

[2]《孟小冬：氍毹上的尘梦》，万伯翱、马思猛著，东方出版社 2009 年第 1 版。

[3]《孟小冬》，[德] 花映红著，人民音乐出版社 2009 年第 1 版。

[4]《孟小冬艺传：流诸记忆的冬皇遗音》，谢国琴著，上海文汇出版社 2013 第 1 版

[5]《梅兰芳与孟小冬》，蔡登山著，合肥黄山书社 2008 第 1 版。

[6]《非常梅兰芳》，翁思再著，中华书局 2009 年第 1 版。

[7]《孟小冬与言高谭马》，丁秉鐩著，山东人民出版社 2009 年第 1 版。

[8]《民国十大奇女子的美丽与哀愁》，肖素均编著。中共党史出版社 2009 年第 1 版。

[9]《杜月笙传》章君毅著，陆京士校订。中国大百科全书出版社，2011 第 1 版。

[10]《许姬传艺坛漫录》之《漫谈我所知道的孟小冬》，许姬传著，中华书

局 1994 年版。

[11]《梅兰芳和孟小冬》李伶伶著，江苏文艺出版社 2008 年第 1 版。

[12]《章遏云自传》章遏云著，沈苇窗编，中国戏剧出版社，1991 年第 1 版。

[13]《杜月笙野史》，王俊著，团结出版社 2005 年第 3 版。

[14]《上海往事——杜月笙与孟小冬》，宋常铁著，华中科技大学出版社，2013 年第 1 版

[15]《新秋傍晚访冬皇》，言慧珠著，《三六九画报》1945 年 35 卷第 2 期。

[16]《孟小冬艺事》，刘真、张业才、文震斋编，京剧资料 2007 年第 1 版。

[17]《忆冬皇》，沈苇窗著，香港《大成》杂志第 44 期。

[18]《一代艺人孟小冬》，李北涛著，香港《大成》杂志 1978 年第 51 期。

[19]《张大千与孟小冬》，沈苇窗著，香港《大成》杂志第 252 期。

[20]《孟小冬年表》，文震斋著，《中国京剧》2008 年第 1 期。

[21]《我见过晚年的孟小冬》，蔡康永著

[22]《立言画刊》1941 年 146 期《名坤伶访问记——孟小冬》

[23]《杜月笙与姚玉兰、孟小冬的京剧情缘》，甄光俊著，《中国京剧》2005 年第 11 期。

[24]《京剧第一女须生孟小冬》，沈洪鑫著，《上海文艺》。

[25]《梅兰芳孟小冬——一段错爱的绝世情缘》，史栽梅著，《纪实》2010 年 04 期。

[26]《冬皇遗音传千古》，刘嘉猷著，香港《大成》杂志 1997 年第 44 期。

[27]《孟小冬生平与艺事》，李炳莘著，《中国京剧》2008 年第 1 期。

[28]《孟小冬与无锡杨氏》，朱树新著，无锡《新周刊》2007 年 7 月。

[29]《菊坛旧闻录》之《孟小冬丧仪哀荣》，丁秉鐩著，中国戏剧出版社 1995 年版。

[30]《艺苑拾忆》之《杜月笙与孟小冬》，魏绍昌著，上海三联书店 1991 年版。

[31]《记孟小冬的谢幕演出》，星翁著，《中国京剧》2008 年第 1 期。

跋

所有的缘分都是不期而遇，于山穷水尽处遇见柳暗花明。

我从未想过会写一本关于孟小冬的书。她的故事缥缈如水月镜花，你以为你看清了它，却很难企及触碰。

我翻开她的身影，如同望见了那　世才情，一叵离愁。

一位绝世的梨园冬皇，她的冰雪之姿、傲人才华，却被时光无情地淹没在与梅兰芳、杜月笙的红尘往事之下，仿佛那才是她生命的主题。

她的追求，她的爱情，她的慈悲，都只是忠于她自己的一颗心，如同黛玉对宝玉说的那样"我为的是我的心"。

流浪过几处杨柳波心的堤岸，辗转过多少矢志不渝的信仰，她的一颗心终于在万顷的清波中得到了最终的自由，没有红尘孤单的流离，也没有碧落寻觅的过往。

谁的一生，都有不曾说出口的秘密，遗忘不了的爱情。这些无法弥补的错过，无法重来的遗憾，竟成了小冬一生的绝唱。烟雨迷茫，她仿佛站在长巷的尽头，嘴边淡淡微笑地在对你说，一切执念，皆是虚妄。

我明白了你，更明白了自己。

回顾孟小冬的一生，如同在一株灿烂的梅花树下，看那潇潇暮雪不歇。素手温一壶竹叶青，就着飘落的记忆凝香入口，芬芳落梅之下，我望着你的一世浮华交叠在雾霭茫茫之中。

然后，在朗月清辉之下，想象着你的故事倏地就醉了。

尘缘相误，我本不愿在这胭脂落英间长住，回首望去，却只见一片漫无边际的烟水茫茫，冷清清的残阳暮光。千山尽染，哪一座才是我的家乡？乱红如雨，不记那归来的地方。

如果我们取出深埋在桃花树下的一壶陈酒，饮一琼觞看尽十里春柔，遗忘红尘劫灰里的光阴忧愁，终究会有一刻抵达遥远的相同灵魂尽头。你知否？总会有一个人在漫长的道路上向你行走，就像光从一颗星球到达另一颗星球，没有任何理由。

已经远去的青鸟衔给我蓬莱的信，不知是为你而写，还是为我而念。封印在咒语里的文字于笔尖倾泻而出，织就了一幅梦境如素锦：

昔我往矣，杨柳依依；今我来思，雨雪霏霏。

蓦然转身，你却依然皎然临于那方舞台上，为了你自己，倾情而吟。拥有脂粉的艳丽，也有清风的沉静。

世上如侬有几人？那般璀璨，那般哀伤，那般特别。如同李碧华《霸王别姬》开场的流景：

粉霞艳光还未登场，还是先来调弦索，拉胡琴。场面之中，坐下打单皮小鼓，左手司板的先生，仿佛准备好了。明知二人都不落实，仍不免带着陈旧的迷茫的欢喜，拍和着人家的故事。

灯暗了。只一线流光，伴咿呀半声，大红的幔幕扯起——

你从未远去。

颖玥于三美斋
癸巳年玄月